警察犬《けいさつけん》アンズの勇姿《ゆうし》です

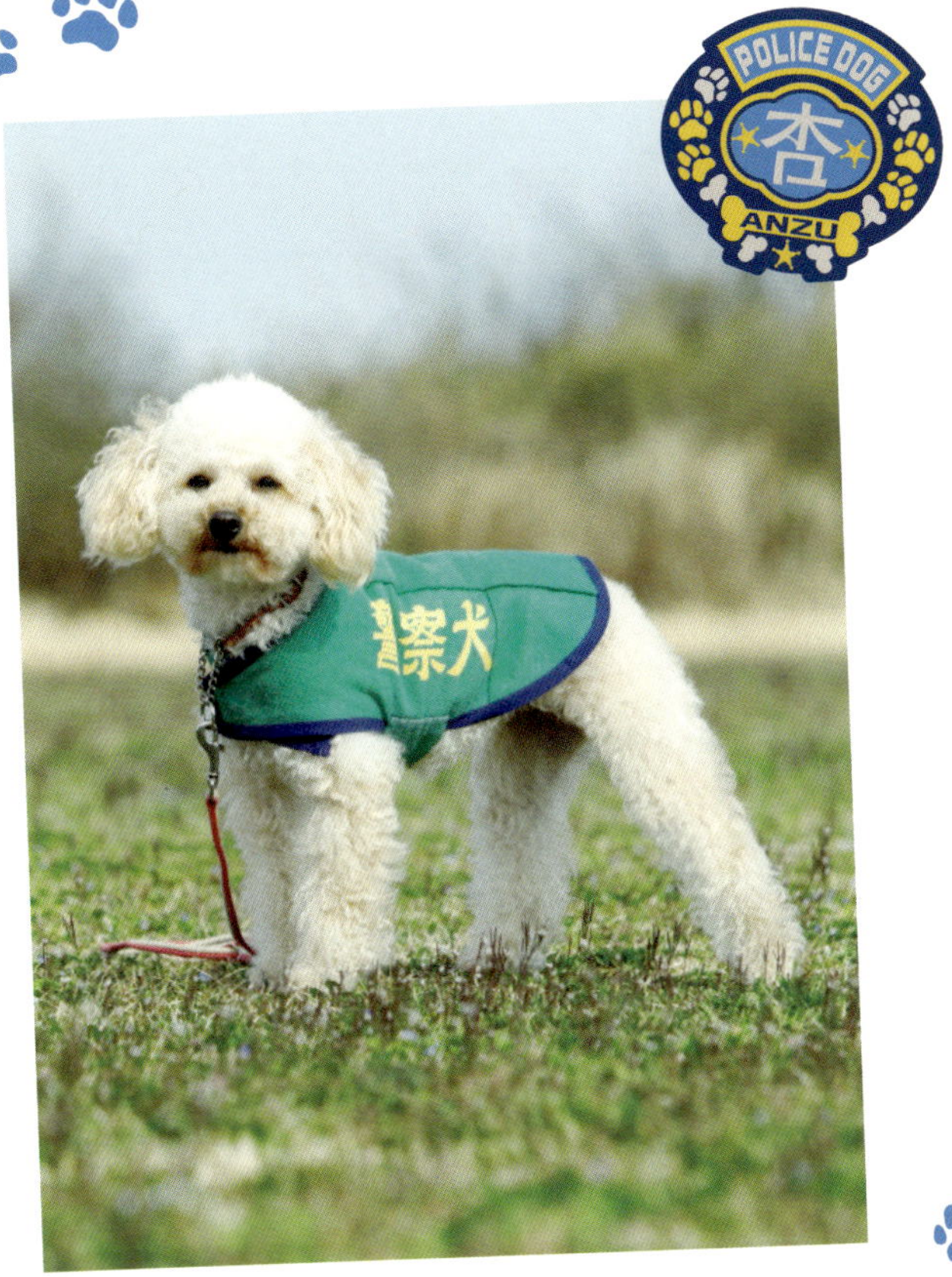

おかあさんにつくってもらった
手づくりユニフォームがよくにあいます

鈴木家にやってきました

鈴木家に
もらわれてきたときの
アンズ、生後３カ月

アンズをでむかえた３頭のシェパード。
（左から）グリム、アミ、グレン

訓練中のアンズ①

草地で足跡《そくせき》追及《ついきゅう》中に
「わからない」とふり返るアンズ

じゃり道でにおいをさがすアンズ

ほそう道路でも鼻をこすりつけて追及

草地をかけおりて、
ほそう道路にむかって下ります

訓練中のアンズ②

ジャンプ！

ピューン！

表紙の撮影《さつえい》に
つきそってくれた
グリムと

警《けい》察《さつ》犬《けん》になったアンズ

命を救われたトイプードルの物語

鈴木博房

岩崎書店

もくじ

うら表紙は
アンズの
名刺だよ

プロローグ

「この犬、もういりません」

二〇一三年三月。茨城県《いばらきけん》の動物指導《しどう》センター。

男の人がトイプードルを入れたクレート（かご）をもってやってきました。クレートを差し出しながら「どうしてもらってもいいです」と言います。

この動物指導センターは、持ちこまれたペットを殺処分《さつしょぶん》する施設《しせつ》です。だからといって、職員《しょくいん》は「はい、そうですか」と犬を受け取るわけにはいきません。

当時、茨城県では犬の殺処分は受け取った日に行われていたのです。

「ここに持ってくる前に、この犬を引き取ってくれる人をさがしましたか？」

職員がきくと、

「そんな人はだれもいません」

表情ひとつ変えず、男の人が言います。

「それではこの犬を飼《か》ってもらえる人をさがしてくれるNPOを紹介しますから、一度、相談されてはいかがでしょう」

職員がたのみこむように言うと、

「飼い主のわたしがいらない、と言ってるんだから、だまって受けつけてください！　この犬の飼育《しいく》ほうきの手続きはもうすんでいるんです！　手続きした犬は、どんな犬でも受けつけることになっているんじゃないんですか？」

飼育ほうきとは、もう飼うことはやめたので、どんなふうにしてもらってもいいということです。つまり殺処分してもいい、と言っているのです。

クレートの中のトイプードルは、すみのほうでブルブルとふるえています。

わたしはその日、近くまで来たので、知りあいの職員《しょくいん》のいるこのセンターにちょっとよってみたら、この二人の言い争いの場面に出くわしたのです。

知りあいの職員はわたしのすがたを見ると、「助けてほしい」という合図を目で送ってきました。その目はこの小さいトイプードルを受け取って、処分《しょぶん》するのはいやだ、とうったえています。

トイプードルはもうあきらめたかのように、じっとしています。もうほえる気力も、立ち上がる力もない、というかんじです。トイプードルと目があいました。なんの表情もありません。死んでしまったかのように、ぐったりしています。

このふるえる小さなトイプードルが警察犬《けいさつけん》をめざすことになります。

このとき、だれがそんなことを想像《そうぞう》できたでしょうか。だれがいちばんおどろいているって、それはこのわたしかもしれません。

第一章

すてられた子犬

出動だ！　おじいさんをさがせ！

もう大みそかも近い、冬の夜の九時。警察《けいさつ》から電話がかかってきました。

「こちら○○署《しょ》です。行方《ゆくえ》不明者が出ました。警察犬の出動、お願いできませんか！」

昼間、山に入ったおじいさんが夕方になっても家に帰らず、夕方から地元の消防団《しょうぼうだん》や警察がそうさくに入ったけれど、見つからないということです。

わたしはすぐに出かける準備《じゅんび》をして、車のエンジンをかけました。

「さて、きょうはだれにしようか」

当時、わが家には三頭のシェパードがいました。

犬たちがいる庭に目をやると、

「ワンワン！」

「ウオーン！」

いっせいにほえます。

「自分が行きたい！」とさわいでいるのです。

きょうは山道でのそうさくで、おまけに夜です。わたしはベテランのアミを選びました。いつものように出発前にアミにおしっこをさせて、車に乗りこませます。一時間ほど車を走らせて、まず、おじいさんの家に行きました。

おじいさんのへやに通してもらい、おじいさんのつえを借りてビニールぶくろに入れ、現場《げんば》に急ぎました。犬はこのつえに付着《ふちゃく》しているおじいさんのにおいを記憶《きおく》し、おじいさんをさがすのです。


山のふもとに、消防車やパトカーの赤色灯《せきしょくとう》がクルクルと回っているのが見えます。現場は緊張《きんちょう》したふんいきです。山の上から懐中《かいちゅう》電灯の光が連《つら》なって、下りてきます。お昼ごろ、山の中腹《ちゅうふく》の神社のそばで、おじいさんのすがたを見かけたという人の情報《じょうほう》があったので、夕方からそうさくに入っていた地元の消防団《しょうぼうだん》の人たちです。

下りてくる消防団の人たちは、犬を見ると、

「山は全部、さがしたけど、どこにもいないよ」

「おじいさんがいそうなところはさがしたから行ってもむだじゃないか？」

みんな、そう言います。あたりはまっ暗。はく息が白く、地面はこおるように冷たく、じっとしていると寒さが体にはい上がってきます。

こんな寒さの中、おじいさんはどこにいるんだろう。この寒さにたえられるだろうか、と心配になってきます。一刻《いっこく》も早くさがさないと弱ってしまう。

急がないと、命があぶない！

時間がないぞ！


ここからの主導権《しゅどうけん》は犬にあります。人が右と言っても、犬が左へむかえば、それを信じて行動を共にするのがわたしの役割です。人間には見えない、においの道。なにもないところにあるひとすじの道が、犬には見えるのです。

「さあ、アミ、行くぞ!!」

アミの全身が引きしまり、顔もキリッとして、やる気がみなぎっています。

この瞬間《しゅんかん》、わたしも一気に気合が入ります。もう寒さなどかんじません。

「たのむぞ!」

わたしがリードをもち、犬について警察官《けいさつかん》と山を上がっていきます。

上から下りてきた消防団の人たちがまた、こう言います。

「そっちへは行ってもダメだ。もう、十分さがしたよ。行ってもいないよ」

わたしは長年の経験から、こういうときの人の言うことはあてにならないことを知っています。

信じるべきは犬の行く道のみ。

道はたくさんの人が通ったため、さがすべき人のにおいがうすくなっています。条件《じょうけん》があまりよくなさそうです。でも、そんなわたしの心配をよそに、アミは鼻の頭を地面につけて、どんどんと上がっていきます。

星明かりで山は案外、明るく、寒さで透明感《とうめいかん》が増した空気のせいか、さっきより視界《しかい》が広がります。あたり一面、クマザサがしげり、消防団《しょうぼうだん》の人がさがしに行った方向に、通ったあとができていました。

(アミ、この先、どっちへ行くんだ?)

わたしは心の中でアミにきいてみました。

少し行くと、わき道に入ったところの木にリボンがついていました。おじいさんは山を管理していて、このリボンはこれから切る予定の木におじいさんがつけた目じるしです。

アミがさかんにリボンのにおいをかぐ動作をして、このリボンにおじいさんがさわったことを教えてくれました。

これで確実《かくじつ》に、おじいさんがここを通ったことがわかりました。

「おおっ!」

つぎの瞬間《しゅんかん》、アミが林道をはずれ、どんどんと谷のほうへむかって、わたしを引っぱっていきます。消防団の人たちが行った方向とはちがう方向です。

ぐいぐいぐい、強い引っぱりです。

こういうとき、わたしには犬の声がきこえるような気がします。

（絶対《ぜったい》、この先におじいさんがいる）

「この方向の谷ぞいにおじいさんがいると、犬が臭気《しゅうき》を取っています」

わたしは同行していた警察官《けいさつかん》に言いました。

「本当ですか、鈴木さん。消防団の人はいない、って言ってた方向ですよ」

おじいさんが下のほうにいるのは確実です。

「まちがいなくこの方向ですので、先に下りて、そうさくしてください！」

一歩一歩、おじいさんの足あとのにおいを追うように指示されているアミが、下にたどりつくまでには少し時間がかかります。

でも、早く発見しないと命が危ないと判断《はんだん》し、わたしは警察官に先に行ってもらうことにしました。

若い警察官三人がころがるように、谷底にむかって下りていきました。

谷底へむかう、とちゅうの急斜面《きゅうしゃめん》の木にもリボンのしるしがあり、アミはまたさかんにかいで、おじいさんのにおいがあることを教えてくれます。

わたしたちがやぶをかきわけて、谷底にむかっていると、「発見しました！」という警察官《けいさつかん》の声がしました。

もう一歩一歩、足あとを追う必要はないので、わたしはリードをはなしました！

「アミ、行ってこい！」

アミのすがたがたちまち見えなくなりました。警察官とわたしはやぶの中を必死に追いかけます。

「おーい、アミ、どこにいるんだ！」

しばらく行くと、アミがやぶの中で警察官の横にすわっていました。すぐそばに、おじいさんがうずくまっています。

おじいさんはうめき声をあげながら、目をつぶっていました。

このときのあたりの気温は氷点下《ひょうてんか》。おじいさんは三十二度の低体温《ていたいおん》でもう少し、発見がおそかったら、どうなっていたことか。

「やっぱりいたか。よかったよかった。アミ、やったな」

わたしはアミの背中《せなか》をポンポンとたたきました。

おじいさんは伐採《ばっさい》予定の木の確認中《かくにんちゅう》に足をすべらせ、谷底のやぶの中までおちてしまい、動けなくなってしまったそうです。

警察官がおじいさんをおんぶして、山のふもとまで下りてきました。

発見の報告《ほうこく》をきいて集まっていたおじいさんの家族が声をかけてくれます。

「ごくろうさまでした。ありがとう」

声をかけられたアミはうれしそうです。いや、得意そうです。

アミはプライドが高く、特別な資格《しかく》をもっている警察犬であることにほこりを持っています。

そうさくがすべて終わりました。

「鈴木さんの車がおいてあるところまで送りますから、乗ってください」

警察官がパトカーに乗せてくれる、と言ってくれます。それをきいたアミは、

「わたしが先」と言わんばかりに、いちばんにパトカーの座席《ざせき》に乗りこみます。うちのほかのオス犬たちはいつも遠りょしてパトカーの座席の下でまるくなるのに、メス犬のアミは「当然《とうぜん》でしょ」という顔をして座席に直行です。

「おっ、女王様、おつかれさまです」と警察官《けいさつかん》がわらいます。

「よくやったぞ、アミ」

わたしもねぎらいの声をかけました。

もう夜中の二時です。寒さはいちだんときびしくなっているはずですが、わたしたちは興奮《こうふん》していて、寒さもつかれもかんじません。

「さあ、家に帰ろう。みんなが待っている、アミ」

家に帰ったアミはほかのシェパードにむかえられ、ドタッと寝《ね》ころびます。

翌日《よくじつ》は一日中、ごろごろしています。極度《きょくど》の集中をして、山道を三時間も歩いたのです。さすがのシェパードもつかれています。

警察犬になったシェパードの寿命《じゅみょう》はだいたい十年。ストレスも多く、のんびりとすごす犬より短いのです。

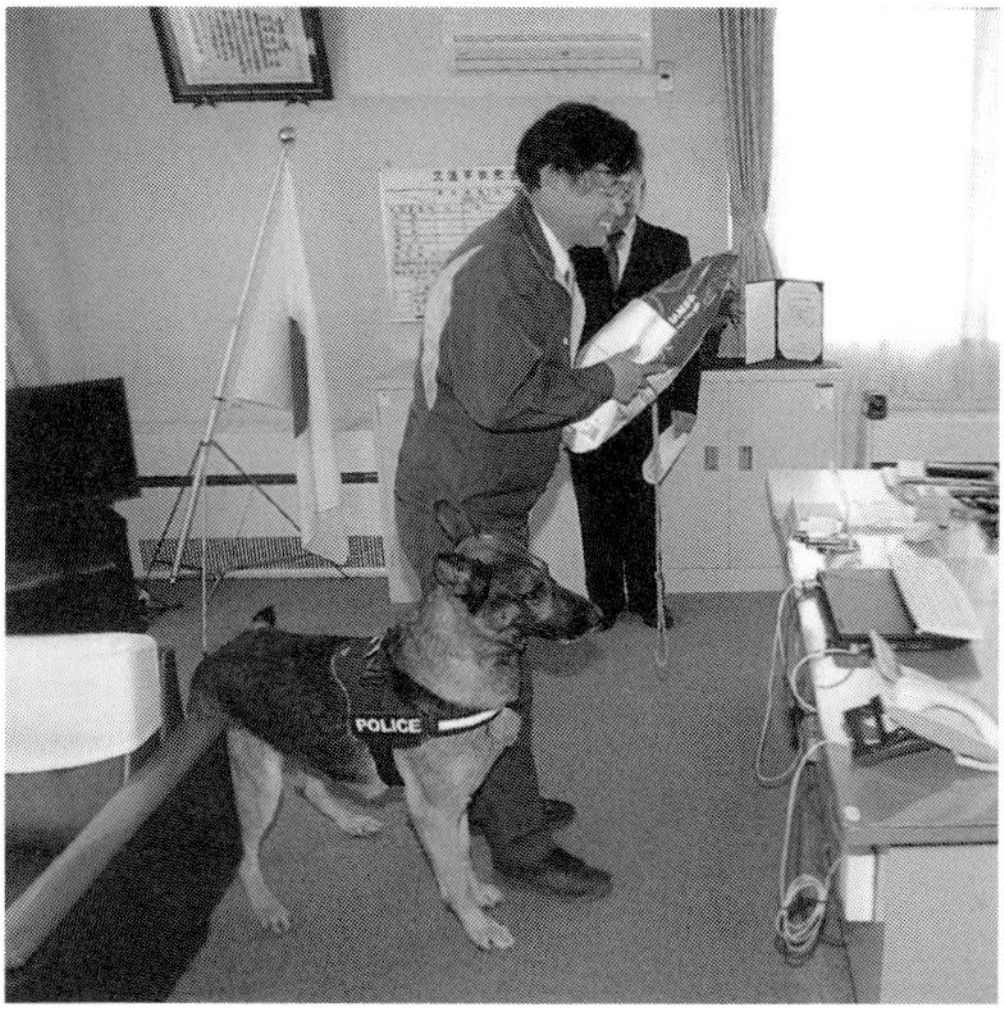

警察《けいさつ》から表彰状《ひょうしょうじょう》とごほうびのえさをもらったアミ

警察犬《けいさつけん》を見たことがありますか?

わたしの家には、今、シェパードが四頭います。どの犬も事件《じけん》があると警察《けいさつ》犬《けん》として出動できるように待機《たいき》しています。

十一歳《さい》のグリム(オス)を筆頭《ひっとう》に、十歳のアミ(メス)、五歳のグレン(オス)、そして、二歳のディーン(オス)はたくさんの事件に出動しています。

行方《ゆくえ》不明になった人をさがしたり、強盗犯人《ごうとうはんにん》を追いかけたりと山、川、海岸、ショッピングセンターなど、どこへでも出むいてそうさくします。

でも、みなさんは警察犬の作業現場を見る機会はほとんどなく、警察犬がどんな活動をしているか、あまり知らないのではないかと思います。

それは、事件解決《かいけつ》のためにあまり人目につかないように(犯人にばれないように)行動することが多いし、行方不明者のそうさくもふだん、あまり人が行かないような場所をさがすことがほとんどだからです。

警察犬は本来もっているすぐれた嗅覚《きゅうかく》や人にしたがう本能《ほんのう》を、訓練によってきたえてさらに力をつけ、警察犬として活動できる実力を身につけた犬です。そのために地道な訓練を毎日、積み重ねます。それは試験に合格するまではもちろん、合格してからも現役であるうちは一日たりとも休まず、出動の要請《ようせい》があったときに、いつでも動けるように準備《じゅんび》しておかなければなりません。きびしい内容の試験を受けるための訓練は、最低でも一年半かかります。おまけに任期《にんき》は一年。警察犬として活動を続けるためには、毎年、この試験を受け、合格しなければならないのです。

日本では今、千五百頭ほどの警察犬が活躍《かつやく》していますが、そのほとんどがプロの指導士《しどうし》や愛犬家たちが自分のところで育て、警察からの要請に応《おう》じる「嘱託警察犬《しょくたくけいさつけん》」です。今、日本には千三百頭ほどいます（警察で飼《か》っている直轄《ちょっかつ》警察犬は百六十頭ほど）。全国でも直轄警察犬をもっているのは東京の警《けい》視庁《しちょう》などの二十四都道府県の警察で、わたしの住む茨城県《いばらきけん》などの二十三県警は嘱託警察犬《しょくたくけいさつけん》にたよっているのが現状《げんじょう》です。

こうして出動すると一回につき数千円ほどの謝礼《しゃれい》は出ますが、移動《いどう》や訓練の費用などはすべて自己負担《じこふたん》です。

犬との出会い

わたしは警察犬を訓練する指導士《しどうし》として、動物愛護推進員《あいごすいしんいん》をしながら毎日、犬のめんどうをみています。数年前までは会社で働きながら、事件《じけん》があると出動していましたが、今は仕事もリタイアし、犬中心の生活を送っています。

「どうして、警察犬の指導士をはじめたのですか」と、よくきかれます。

それは三十年ほど前、わたしの住む茨城県に警察犬が足りない、という新聞記事を読んだことがきっかけです。この記事には「県北地域《けんほくちいき》（わたしが住む地域）に行方《ゆくえ》不明者が多い。そうさ困難《こんなん》。特に冬場は凍死者《とうししゃ》が多い。解決法《かいけつほう》は警察犬」と書かれていました。

もともと犬が好きで、子どものころにシェパードやドーベルマンの世話をしていたこともあるので、それならば、「やってみようか」とはじめました。最初は自分で飼《か》っているシェパードを一定期間、プロの訓練士にあずけて指導してもらってから自分で飼いましたが、少ししてからは自分で一から訓練するようになりました。

犬はとても忠実《ちゅうじつ》です。そして素直《すなお》です。人の役に立ちたい、と思っています。すんだ、まっすぐな目は誠実《せいじつ》そのもの。犬とのつきあいは、わたしのきもちをゆたかにしてくれます。

犬たちとはこの三十年間、いろいろな思い出があります。片目《かため》が見えない犬がいました。名前はライナ。メスのシェパードです。広島の知りあいから、生まれてまもない子犬のときにゆずり受けました。ところが生後六十日に左目が失明していることがわかりました。庭で遊んでいたときに、鉄のさくに左目を強打して出血したので、動物病院に連れていくと「この犬は先天的に左目が見えていません」と言われたのです。

びっくりして、その広島の知りあいに電話して事実を伝えました。

「すぐにべつの犬を送ります」と言われました。

「いや、なにかの縁《えん》があって、うちに来てくれた犬です。うちで育てます」

ライナは左目が不自由でしたが、そのハンディをかんじさせずに生活して、試験も合格して十年間警察犬《けいさつけん》として活躍《かつやく》しました。

子育てもじょうずで、そのこまやかな愛情《あいじょう》に感動したことがあります。

それは夏の暑い午後、庭の木かげで生まれてまだ日のあさい子犬たちを育てていたときでした。いつ見ても、子犬たちがぬれているのです。どうしてだろう、と思って、そっと見ていたら、口にふくんだ水を子犬たちにかけてあげているのです。一日に何度も何度もくり返しています。

犬の親子の情《じょう》の深さには本当に感心しました。

もう一頭、クイーンという犬がいました。このクイーンといっしょに行ったそうさくでわすれられないことがあります。

それは春のはじめのころでした。

おばあさんが行方不明《ゆくえふめい》になったと連絡《れんらく》が入りました。山菜をつみに出かけたまま、帰ってこないと、家族から警察に通報《つうほう》があったのです。

山にむかい、クイーンと警察官といっしょに山道を行きました。細い道を行くと、高さ一メートルほどのところに、くもの巣《す》がかかっていました。

「くもの巣は人が通ったらやぶれるだろうから、この道はちがう」

わたしと警察官はそう判断《はんだん》し、ちがう方向へ行こうとするのですが、クイーンはどうしても、このくもの巣のある道を行きたがります。

「クイーンが行きたがっているので、行かせてみようか」

リードをはなすと、クイーンが一目散《いちもくさん》にくもの巣の下を走っていきました。するとカ百メートル先におばあさんがたおれていたのです。

あとでくもの巣《す》は短時間でつくれることを知りました。あのくもの巣はおばあさんが通ったあとにできたものだったのです。

わたしは「くもの巣があるから人は通っていない」という思いこみで判断《はんだん》したことを反省しました。

こんなふうに犬のほうが正しいということはよくあります。

卓越《たくえつ》した能力《のうりょく》をもつグリム

今、わが家にいる年長のグリムも温厚《おんこう》で、面倒見《めんどうみ》がよく、歴代《れきだい》のシェパードの中で群《ぐん》をぬいて優秀《ゆうしゅう》な犬です。今、十一歳《さい》。うちのシェパードたちのリーダーでいいコミュニティをつくってくれています。うちにやってくる新人はみんな、このグリムにしつけられ、きたえられてきました。

もちろん、行方《ゆくえ》不明者のそうさくなど、たくさんの出動経験《けいけん》があります。

こんなことがありました。

台風のあと、田んぼのようすを見にいったおじいさんがもどってこない、と通報《つうほう》がありました。

グリムの出動です。

おじいさんが乗っていたという車のシートについている、おじいさんのにおいをグリムにおぼえさせて、田んぼの周辺をさがさせました。

するとグリムが用水路づたいにどんどん歩いていき、ある場所でとまりました。もうそこから動きません。

この用水路は久慈川《くじがわ》という大きな川につながっています。わたしたちは、グリムの行動から、おじいさんはこのあたりで用水路におちて流されたのではないかと判断し、そうさくを終えました。

数カ月後、用水路の改修《かいしゅう》工事中におじいさんの遺体《いたい》を発見したとの連絡《れんらく》がありました。グリムはおじいさんの流された経路《けいろ》をたどれるところまでは行ったのでした。

東日本大震災《だいしんさい》に出動

二〇一一年三月十一日、東日本大震災《だいしんさい》。

わたしの職場《しょくば》のある茨城県日立市《いばらきけんひたちし》は震度《しんど》六強で大きくゆれました。すぐに同僚《どうりょう》の車で家に帰ることができましたが、町は騒然《そうぜん》としていました。

家に着いたのは午後四時。まだ、家族はだれも帰ってきていません。

（犬はだいじょうぶか？）

近所の人に聞くと、地震《じしん》が起きても、おとなしくしていたとのこと。

わたしの家は一部がこわれただけでしたが、となりの家は半壊《はんかい》です。そんなに強いゆれが、このあたりをおそったんだ、と思うと恐《おそ》ろしくなりましたが、明日からどうやって暮《く》らしていくんだろう、という不安が先立ちました。

その日から二週間、断水《だんすい》が続きました。家にあったペットボトルの水はすぐに底をつき、二日間、給水《きゅうすい》の列《れつ》に並《なら》びました。電気は三日目に復旧《ふっきゅう》。

しばらく犬用の水は車で山へくみに行っていましたが、知りあいから井戸水をくみにくるよう連絡《れんらく》をもらい、ホッとしました。

犬の水くみとガソリンスタンドに並ぶ毎日が続きました。

その合間《あいま》に、アミとグリムを交代で連れて、住民がひなんしてだれも住んでいない家の見回りをしました。

毎日が長い一日でした。あとで、あの久慈川《くじがわ》の水が堤防《ていぼう》の水位《すいい》ギリギリにまでせまったときいて、改めて地震のおそろしさを知らされました。

被災地《ひさいち》でがんばるアミ

五月上旬《じょうじゅん》、海辺の地域《ちいき》にアミを連れてむかいました。

あたりはがれきとヘドロが残っています。汚水《おすい》もたまり、異臭《いしゅう》もします。

あの地震から二カ月近くがすぎていましたが、いたるところがまだがれきの山です。たくさんの行方《ゆくえ》不明者がまだ、見つかっていません。

わたしとアミはたおれた家や土砂《どしゃ》の中にうもれている人はいないか、さがしました。

もちろん、アミの嗅覚《きゅうかく》だけがたよりです。

「だれのにおい」ではなく「生き物のにおい」や「異臭《いしゅう》」をさがしました。

そのにおいがあったらほえて教えるのがアミの任務《にんむ》です。

アミはがれきの山をかけあがったり、汚水《おすい》の中に足が半分ぐらいつかるまで入っていって作業をしました。

その日は、アミもわたしもつかれはてて家にもどりました。

翌朝《よくあさ》、いつもは元気なアミがぐったりしています。

「もしかしたら、汚水の中のバイキンに感染《かんせん》したのかもしれない」

わたしはアミを素足《すあし》で歩かせたことを後悔《こうかい》しました。

きのうの夕方、アミは足をひきずるようにして歩いていたのです。すでに化《か》膿《のう》がはじまっていたのかもしれません。

「アミ、悪かったな、すぐ動物病院に行こう」

いつもお世話になっている獣医《じゅうい》さんのところに行きました。うでのいい先生なので、いつも混んでいます。

アミを見るなり獣医さんが待っている人たちに言いました。

「この犬は人のために働いています。昨日も被災地《ひさいち》で仕事をしてきて、そのせいで具合がよくありません。先に診察《しんさつ》させてもらいます」

すぐにみてくれました。こんなときでもアミは、高さ一メートルもある診察台にさっと自分で上がります。

案《あん》の定《じょう》、感染症《かんせんしょう》にかかったために高熱が出ていたのです。

「犬は熱が出ても、傷《きず》がうんでいたくても、やりはじめたらとことんやるから無理しちゃうんですよ。アミちゃん、がんばりすぎちゃったなあ」

先生は点滴《てんてき》の用意をしてくれ、アミは二日間、点滴を受けて、回復《かいふく》しました。

犬は足の傷がいたくても、文句《もんく》ひとつ言いません。わたしはいつも、この犬たちの人の役に立ちたい、というきもちに頭が下がります。

子犬との出会い

さきほどのトイプードルの話にもどりましょう。

ふたりの険悪《けんあく》なふんいきが続いています。その間にいる犬の小さな体のふるえがこちらにも伝わってきて、いたたまれなくなってきました。

「どうしたんですか。クレート（かご）の中にいるのはオスですか、メスですか？」

わたしは声をかけながら、ふたりに近づいていきました。

ピンクのクレートの中にいるのはアプリコット色のトイプードルのメス犬です。

「すてたい理由はなんですか」

わたしがそうきくと、男の人は車の中から本を持ってきました。犬の飼育《しいく》方法の本を見せながら、このとおりやってもこの子犬はできない、と言います。

おしっこやうんちもできないし、うるさくほえてめいわくしている、とマニユアルどおりにいかないことをなげいています。

「犬にはそれぞれ個性があり、本のとおりにはいきません」

「わたしが読んだ本は、日本でも有名なカリスマ訓練士《くんれんし》が書いたものです。いったい、あなたは何者ですか！」

食《く》ってかかってきました。

あわてて、職員《しょくいん》がわたしのことを説明してくれました。

「知らないですね、そんな人。プロの訓練士さんですか？」

この素人《しろうと》になにがわかるのか、と言いたそうです。

わたしは茨城県警察《いばらきけんけいさつ》から許可《きょか》を受け、警察犬《けいさつけん》の指導士《しどうし》の活動をしています。

男の人はさらに、こう言いました。

「動物の愛護《あいご》及《およ》び管理に関する法律《ほうりつ》第三十五条には、犬及びねこの引き取りを求められたときは引き取らなければならないとあるじゃないか。事実、この施《し》設《せつ》だって毎年、たくさんの子犬を引き取っているではないか！」

実際《じっさい》、茨城県《いばらきけん》では二〇一〇年、有料で六百六十五頭の犬やねこを引き取っていたのです。

その犬をわたしにゆずってください

このままでは、この子犬は殺処分《さつしょぶん》の対象になってしまう。
そうしたら、この子犬の運命はどうなるんだ！
わたしはとっさに、こう言いました。
「わかりました。その犬をわたしにゆずってください」
一度、動物指導《しどう》センターに収容《しゅうよう》されると手続き後、殺処分《さつしょぶん》の対象《たいしょう》になります。
このふるえている子犬を収容所のへやに入れたら、ものすごいショックを受けてしまい、もしこの先、助かることがあっても精神的《せいしんてき》なダメージが大きくて苦労することが目にみえています。

「ああ、いいですよ」

男の人はトイレ用トレーや子犬の血統書《けっとうしょ》などを差し出すと、そそくさと車に乗って帰っていきました。

「鈴木さん、引き取ってだいじょうぶなんですか」

動物指導センターの職員《しょくいん》が心配そうに言います。

「だれか知りあいにほしい人はいないか、きいてみるつもりです。うちで飼《か》えればいいのですが、なにしろわが家にはシェパードが三頭（この当時はまだ、三頭しかいませんでした）いるから、これ以上、飼うわけにはいかないし」

わたしは子犬といっしょにトイレなどを自分の車に積みこみ、動物指導センターをあとにしました。

車の座席においたクレートの中で、子犬はまるまってふるえていました。

わが家へやってきた子犬

「あら、かわいい。どうしたの？　こんなに小さい犬」

家に帰ると、玄関《げんかん》にむかえに出た妻《つま》がうれしそうな声をあげました。

わたしは事情《じじょう》を説明しながら、居間《いま》にサークル（犬小屋）とトイレシートをセットし、子犬をそこへ入れました。

ここはどこだろう？

キョロキョロとおちつきなく、へやの中を見わたす子犬。まだ、こきざみにふるえています。それは不安でしょう。まったく知らないところにやってきたのですから。

まだ、生まれて三カ月です。わたしはこの子犬がほしい、という人があらわれるまであずかるだけのつもりです。だから、名前もつけません。

少しでも早く、この不安から解放《かいほう》してあげたい。そして、いいところにもらわれていって、しあわせになってほしいと思いました。

「かわいい顔をした子犬だから、もらってくれる人はすぐに見つかるわね」

妻もそう言います。

すぐに新鮮《しんせん》な水と熱湯《ねっとう》でふやかしたドッグフードをあたえましたが、半分しか食べません。

「つかれているんだね。さあ、もう寝《ね》なさい。もう、なんの心配もないよ」

居間のすみにおいたクレートの中に子犬をもどし、タオルでおおってまっくらな環境《かんきょう》を作り、子犬が安心して寝られるようにしました。犬は本能的《ほんのうてき》にくらくてせまいスペースが好きです。これなら少しはおちつけるでしょう。

わたしはこの子犬のきもちを思うと、胸《むね》がしめつけられるようにせつなくなりました。犬は人のきもちがよくわかります。言葉だってわかります。

動物指導《しどう》センターで「この犬はいらない」「処分《しょぶん》してくれ」と言われているのをきいていたはずです。なにかたいへんなことが自分の身に起きている、と小さいながらに思ったかもしれません。

人は勝手なものです。自分の思いどおりにならなければ、もののように生き物をすてようとするのです。そんなことがあっていいのでしょうか。わたしはぶつけようのないいきどおりをおぼえながら、子犬の頭をなでました。

もう生きる気力もないように、ぐったりとしています。

かわいそうに……。

子犬の長くて、おそろしい一日が終わります。

「おやすみ。安心して寝《ね》るんだよ」

その夜は、前の飼《か》い主が言うような夜鳴《よな》きもなく、しずかに朝まで寝ていました。庭で飼っているシェパードが時折《ときおり》、居間《いま》のまどからへやのようすをうかがっていましたが、なんのさわぎもなく、夜がふけていきました。

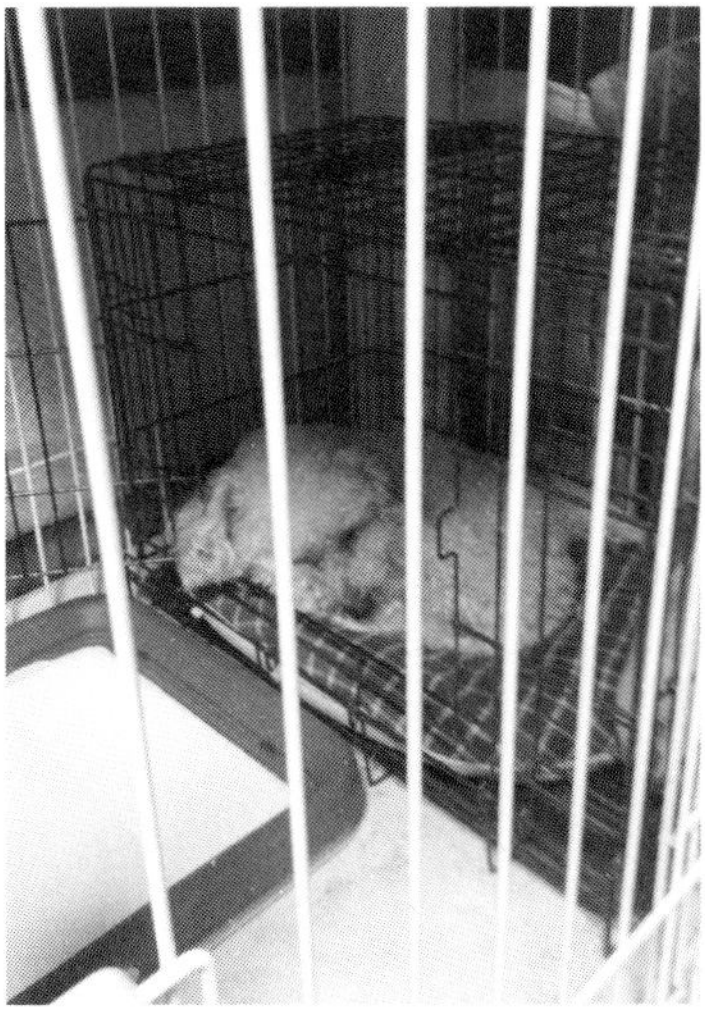

「ここはどこ？」と不安そうな顔をした子犬。
へやのすみにサークル（犬小屋）をおいて、
安心できるようにしてあげました

「おはよう、よく寝《ね》られたかな？」

翌朝《よくあさ》、クレートのおおいをはずして、子犬をサークルに入れるとペットシートにじょうずにおしっこをしました。

「さあ、ごはんだよ」

子犬は少し元気になったようです。朝食も全部、ペロッと食べました。ところが、うんちをしません。犬は食べたらうんちをする習性《しゅうせい》があります。わたしはぬれたティッシュをおしりにあてて、肛門《こうもん》をしげきしました。すると五分ぐらいでうんちをしました。しずかに寝たし、うんちもちゃんとできる。あの前の飼《か》い主の話はなんだったんだろう、と思いました。

ぎゃくたいを受けていた子犬

子犬を居間《いま》であそばせていたところへ妻《つま》がやってきました。

「キャンキャーン！」

子犬が小さな悲鳴《ひめい》をあげて、おおあわてでクレートにかけこみました。

「おいおい、どうしたんだ！」

「どうしちゃったの！」

妻もおどろいています。

「ははーん、もしかしたら……」

わたしは子犬をだきあげて、妻のそばへ連れていきました。すると、またガタガタとふるえるではありませんか。


わたしは妻にこうたのみました。

「子犬にはかわいそうだけど、子犬にむかって手をあげてみて」

妻はにぎりこぶしをつくって、子犬にむかってふりあげました。

「キャ――ッ」

子犬は悲鳴をあげて、わたしの手から必死ににげようとします。

「わかったよ。この子犬はたぶん、前の飼《か》い主のおくさんにたたかれていたんだよ。だから、女の人を見ると悲鳴《ひめい》をあげるんだと思う」

おしっこを決まった場所にしない、うんちを決められた時間にしない。そのたびにたたかれていたのかもしれません。それがトラウマになって、ふりあがった手を見るだけで悲鳴をあげて、どこかへにげようとするのです。

なんてひどいことをしていたんだ、といういかりがこみあげてきます。それよりもこの仕打ちに抵抗《ていこう》することもできずにいた、この子犬がかわいそうでなりません。

「つらい毎日だったんだねえ」

妻《つま》がそおっと、子犬をなでています。

わたしはこのこわがることを直すのには、時間がかかると思いました。

そのときです。居間《いま》の窓《まど》ガラスごしに視線《しせん》をかんじました。窓のむこうから三頭のシェパードが興味《きょうみ》深そうに子犬を見ています。

子犬をシェパードにあわせてみようか、と思いましたが、体の大きさがちがいすぎます。シェパードは体重四十キロ、子犬は二キロです。

まずは窓ガラスごしにシェパード軍団《ぐんだん》とご対面。

子犬は小さな声で「ウーウー」とうなりました。


子犬がわが家にやってきて三日がすぎました。

前の飼い主がこまっている、と言っていた、夜鳴《よな》きやむだぼえはまったくありません。おしっこもちゃんとサークルの中のペットシートにします。

「こんなにいい子なのに、どうしていらないって言われちゃったんだろうね」

妻とそんな話をしていると、きょうもまたシェパード軍団が子犬のことをじーっと見ていることに気がつきました。

「ちょっと、対面させてみようか」

居間の窓ガラスをあけて、子犬のおしりをシェパードにむけました。

すると、まず長老のグリムが近づいてきました。鼻先でクンクンと子犬のおしりのにおいを数回かぐと、つぎにアミも同じようにクンクン、最後にいちばん若いグレンも同じ動作をしました。子犬のにおいをおぼえたシェパード軍団《ぐんだん》は子犬を仲間として受け入れる準備《じゅんび》がある、とサインを出したのです。

「よし、行ってごらん」

子犬を庭にはなしました。シェパードは遠まきに見ているだけです。

しばらく、あたりのようすをうかがっていた子犬でしたが、このシェパード軍団は安心できる犬たちだと思ったのか、自由に庭の草や地面のにおいをかぎだし、探索《たんさく》をはじめました。

一時間ほど庭で遊ぶと子犬は居間《いま》の窓《まど》の下に前足をかけ、中に入りたいという動作をします。だっこをして家の中に上がらせ、サークルの中に入れてやると、すやすやと寝《ね》はじめました。

ひさしぶりに外の空気をすって満足したのでしょう。かわいいもんです。

夕方、えさを食べさせたあと、子犬をサークルから出すと、窓ガラスにむかっていき、カリカリと窓ガラスをひっかくので庭にはなしてみました。すると、

子犬を受け入れてくれたグリム（右）とアミ。
シェパードがわが家にいたことは
子犬にとってラッキーなことでした

犬たちがおたがいのおしりのにおいをかぎだしました。これは、おたがいに相手を受け入れる儀式《ぎしき》のようなものです。子犬は自分が受け入れられたことに安心したのか、庭のすみに行き、うんちをしました。すかさずグリムが近づき、うんちのにおいをかぎました。アミもずっと見ています。

わが家に来てから、はじめて自分でしたうんちです！

つぎの日から子犬はえさを食べると自分から庭におりてうんちをし、遊んでつかれたら居間《いま》にもどるという生活になりました。

子犬がわが家にやってきて一週間がすぎました。

今日も庭に出て、シェパードたちといっしょです。

こうして少しずつわが家になれてきたように見えた子犬ですが、妻《つま》にはなれていなかったのです。

へやにハエが入ってきたことがありました。妻がハエたたきをもってふりあげるとサークルの中にいた子犬が大きな悲鳴《ひめい》をあげて体をふるわせたのです。

やはり、たたかれていたのでしょう。

「これを直すにはかなり時間がかかるよ」

「どうやって直すの？」

「みんなにさわってもらおうと思う」


わたしはたくさんの人に会わせて、さわってもらったり、だいてもらったりしてなれさせるしかないと思いました。人とふれあうことで、人は悪いことをしない、ということをわからせ、人間社会になじむようにするのです。

ただ、それをひと月やってあまり変わらなければ、ほかの人にゆずるのはむずかしいかもしれない、と思いはじめました。


まずはとなりに住む上田さんのおくさんにお願いしました。

この家にはヨークシャテリアが四頭いるので、上田さんのおくさんは犬になれているはずです。

「あら、かわいい」

上田さんのおくさんが手をのばします。

「ワーン、キャーン」

子犬が悲鳴《ひめい》をあげました。わたしの予想どおりです。

子犬は悲鳴をあげながら寝《ね》ころび、全身をふるえさせ、おなかを出しました。

「どうしたの？　なにもしてないわよ」

上田さんのおくさんがやさしく子犬をだきあげました。

しっかりだいてもらうと、子犬のふるえがとまり、少し安心したようです。

この日から毎日、上田さんのご夫婦《ふうふ》にだいてもらいました。ふたりのすがたを見るとよろこびを体中に表して、かけよるようになりましたが、おくさんにおなかを出す動作は続きました。

近所に住むほかの人にも子犬にふれてもらいましたが、悲鳴をあげておなかを出す動作はなくなりませんでした。

犬がおなかを見せるのは、なにもしませんよ、ということを相手に見せることで敵意《てきい》のないことをわかってもらい、相手からの攻撃《こうげき》をさけようというものです。

わが家の若いシェパードも長老のグリムにおこられるとおなかを出して、降参《こうさん》をアピールしています。


四月の週末、動物愛護《あいご》の活動のために近くのショッピングセンターに行きました。ここではおとずれた人に動物の飼《か》い方を指導したり、殺処分《さつしょぶん》の現実《げんじつ》をつたえたりしています。

わたしはここで子犬をたくさんの人とふれあわせることにしました。

子犬はこの日、二十人ほどの人とふれあいましたが、女の人を見ると悲鳴をあげることは変わりませんでした。

アンズと命名

家に帰ると、妻《つま》が待っていました。

「おかえりなさい。たくさんの人にかわいがってもらった？」

「いやあ、まだ、悲鳴《ひめい》をあげてるんだよ」

わたしは今日のようすを話しました。

「こんな小さいのにたくさん苦労してきたのね。かわいそうに」

妻がだっこしながら言いました。

「うちで飼《か》おうかなあ」

少し前から考えていたことを妻に言いました。

「そうねえ。よその人にわたして、また新しい環境《かんきょう》になれさせるのもかわいそう。それにこんなに悲鳴をあげる犬を引き取ってくれる人がいるかどうか」

妻も賛成《さんせい》してくれました。

ふだんはべつのところでくらす息子が帰っていたので、子犬をうちで飼おうかと思っていると話しました。

「うちの子にしたらいいよ」と言います。

さて、名前をどうしようかと考えてしまいました。なにしろ、今まで大きな犬の名前しかつけたことがないので思いつきません。

すると妻がこう言いました。

「今、うちの畑のすみにある杏《あんず》の花が満開《まんかい》だから、アンズはどう？」

「いいね、アンズ！」

息子も賛成《さんせい》です。

「アンズ！」

名前をつけられた子犬、アンズは今日から正式にわが家の一員です。名前がつくと、いっそうかわいくなります。

わたしたちは家族が増えたようでうれしくなりました。

「ほおら、アンズだよ。これからもよろしくね」

わたしはシェパードたちにアンズの名前をおひろめしました。

アンズをよぶ、わたしの声がちょっと明るくなった、と妻《つま》に言われましたが、いつからかわたしはアンズを手放すことは考えられなくなっていたようです。

こんなかわいい犬をどうして手放すことができるでしょうか！


五月になりました。アンズがうちにきて、二カ月がすぎました。

もうすっかり、わが家の一員です。

ごはんの時間には庭に出て、三頭のシェパードといっしょに食べます。

アミが教育係として、アンズのことをいつも気にかけ、アンズを庭に出すと、ずっとアンズを見ています。もし、ちょっとでも悪さをしようものなら、すかさずそばによってたしなめます。そのようすはまるでおかあさんのようです。

アンズもねむくなったり、あまえたくなったりすると、アミのそばによっていきます。体の大きさはかなりちがいますが、しっかりときもちは通じているようです。

第二章
シェパードといっしょに

なぜ警察犬《けいさつけん》にはシェパードが多いのか

翌年《よくとし》の四月、わたしは三頭のシェパードを連れて、福島《ふくしま》県で開催《かいさい》される日本警察犬協会《けいさつけん》の訓練大会に参加することにしました。この大会は警察犬の日ごろの訓練の成果《せいか》を競うものです。

アンズも連れて行くことにしました。車は猪苗代《いなわしろ》町にむかっています。高速道路から見える磐梯山《ばんだいさん》の山頂《さんちょう》はまだ白い雪におおわれていますが、猪苗代湖の湖面がキラキラとかがやき、春ののどかな景色がひろがります。

家から会場まで三時間ほどの道のりでしたが、アンズのクレートをなかよしのグリムのゲージのとなりにおいたので、アンズははじめての長距離《ちょうきょり》ドライブをしずかにすごしていました。

この大会には、シェパードやドーベルマン、ラブラドールなどの大型犬が集ります。アンズのような小さい犬のすがたなど、どこにもありません。

日本で警察犬として認められている犬種《けんしゅ》は、エアデール・テリア、ボクサー、コリー、ドーベルマン、ゴールデン・レトリバー、ラブラドール・レトリバー、ジャーマン・シェパードの七種類です。もちろん、どの犬種でも訓練をきちんとすれば、警察犬としての能力を身につけることはできますが、この七種の犬種は、とくに飼《か》い主への服従心《ふくじゅうしん》が高いと言われています。体格や体力はもちろん、気質《きしつ》ももともと警察犬にむいていて、さらに訓練をすることでより高い能力を身につけることができる犬たちです。


アンズをだっこしていると、指導士《しどうし》仲間から声をかけられました。

「なに？　その犬。かわいすぎ！」

「鈴木さんににあわないなあ、その犬（笑）」

みんなにからかわれてしまいました。

「まさか、その犬、警察犬《けいさつけん》にするつもりはないんでしょ？」

今度は親しい訓練士《くんれんし》から、そう言われました。

「まさか、できるわけないでしょ」

わたしがアンズをここへ連れてきたのは、たくさんの人にふれさせるのにいい機会だと思ったからです。

たくさんのシェパードが参加するなか、アンズは会ったことのないシェパードをこわがることもなく平然《へいぜん》としていて、ちょっとたのもしさをかんじさせました。

アンズの教育係、アミ

アンズをよく見ていると、アミのまねをしていることがわかりました。鼻を地面にこすりつけてにおいをかぐのも、アミをまねてはじめたのです。

このアミは十年前に、青森県《あおもりけん》の指導士《しどうし》からゆずってもらった犬です。

わが家のシェパードが三頭、ガンなどの病気で立て続けに死んだことがありました。

「さびしくなっちゃったね。青森の冬は寒いから、この犬、しばらく預《あず》かって」

そう言って、生まれたばかりの犬を預からせてくれたのです。

それがアミです。生後九十日ぐらいのとき、たった一頭で飛行機に乗って羽《は》田空港《ねだくうこう》までやってきました。

火の消えたようなわが家がいっぺんに明るくなりました。青森の指導士の心づかいもうれしいし、なにより生命力のかたまりのような子犬がわたしたちのきもちを明るくしてくれました。

わたしはそれまでに五頭ほどのシェパードを育てていましたが、すべてプロの指導士に預けて訓練してもらっていました。でも、アミはわたしがひとりで一から訓練したはじめての犬です。

警察犬にするには、子犬のうちにできるだけ外の世界のさまざまなものにふれさせ、大きな音や人、動物、車などになれさせます。

また、「追従《ついじゅう》」といって、人のうしろについて歩くことを覚えさせ、人への「服従本能《ふくじゅうほんのう》」をやしないます。

そして、ボール遊びで集中力をやしない、生後五、六カ月になったら警察犬《けいさつけん》の訓練をはじめます。


仕事が終わると毎日、アミと草むらやじゃり道を歩き、訓練を重ねました。とても優秀《ゆうしゅう》な犬で、どんどんと課題《かだい》をクリアし、見よう見まねで指導《しどう》していたわたしもちょっと自信がつきました。

この犬には特殊能力《とくしゅのうりょく》があり、草やぶにひそむヘビを見つけたり、山に行けば、ひそんでいるタヌキやハクビシンを見つけます。近くの川をあがるサケをくわえてきたこともあります。

結局《けっきょく》、その後、ゆずってもらって、アミはわが家の犬となりました。

今、アミはベテラン警察犬として活躍《かつやく》していますが、この犬がすぐれているのは勘《かん》がいいので、作業にむだがないことと場の空気が読めることです。

ある大会のとき、優勝候補《ゆうしょうこうほ》のわが家のエース、グリムが予選《よせん》おちしたことがありました。みんながっかりしていたら、「ここがわたしのがんばりどき」とばかりに実力以上にがんばって優勝し、みんなをよろこばせてくれました。

二〇一一年に長野で行われた大会では、大雨が降って、ほかの犬たちがやる気を失っているとき、ぎゃくにぐんぐんとがんばって全国三位になり、わたしだけでなく犬仲間をおどろかせました。

そんなアミですから、アンズの教育係にぴったりです。

アンズが庭におりてくると、つかずはなれずでずっと気にかけ、見守っています。アンズがうんちをすればうんちのにおいを、ごはんを食べれば食べたあとを確認《かくにん》します。

アンズもすべてのお手本がアミです。

アンズも訓練、やりたいの？

シェパードたちとアンズを河川敷《かせんじき》に連れて行きました。

「つぎはアミ！」

アミが動くとアンズも立ちあがって、いっしょに行動しようとします。

「よし！　アミ、よくやった」

アミをほめると、アンズが自分もほめてくれ、とソワソワします。

犬は人にほめられるのが大好きです。

アンズもなにかをやって、ほめられたいのでしょう。

わたしはアンズに人になれるという社会性を身につけさせると同時に、「すわれ、ふせ、立て、待て」という人の指示《しじ》どおりに動けるようにしつけることにしました。この指示で動ければ、人と犬がいっしょにすごしやすくなります。

それに、できたら思いっきりほめてあげられます。

さっそく、シェパードたちが夕方、訓練するときに、アンズもいっしょに訓練させました。

「アンズ、すわれ！」

「待て、アンズ！」

これはわりと簡単《かんたん》にできるようになったので、つぎは人や車が多く、気が散る昼間に訓練の時間を変えました。

まず、どんな音にも動じない集中力をつけるために、ＪＲ常磐線《じょうばんせん》のガード下《した》にアンズを連れて行きました。

ガタンガタン、ゴーッ、ガタガタ
最初は突然《とつぜん》、聞こえてくる鉄道の音におどろき、パニックで訓練どころではありませんでした。おまけにこのときはすぐそばで道路工事もしていて、耳をふさぎたくなるような騒音《そうおん》でした。

一週間、毎日通うと、アンズはその音にもなれました。

さらに車の通行の多い国道六号線にもよく連れて行き、トラックの通過音《つうかおん》や警笛《けいてき》にもなれさせました。

この訓練をしながら、たくさんの人にさわってもらったので、悲鳴《ひめい》をあげたりふるえたり、おなかを出す行為《こうい》は少しずつ減《へ》っていきました。

「やればできるんじゃないか」

こんな小さな犬がよくがんばるなあ、と感心していました。


ところで犬はどうやって、においをかいでいるのでしょうか。

人の足あとからは、土の上に浮遊臭《ふゆうしゅう》というにおいがフワリとうかびます。犬はそれをかぎとっているのです。そのにおいは、たとえくつをはいていても地面や草地、ほそう道路に残ります。

ただ、それが残っているのは五、六時間だけ。有効《ゆうこう》期限があるのです。また、その上を車が通るとにおいが消えてしまうことがあります。

犯人《はんにん》の足のにおい（足跡《そくせき》）を追う（追及《ついきゅう》）技術《ぎじゅつ》を維持《いじ》するために、ベテランの警察犬《けいさつけん》でも訓練は毎日、欠かせません。

シェパードとトイプードルは、こんなに大きさがちがいます。
歩幅《ほはば》はシェパードが 60 センチ、トイプードルは 20 センチほど

はじめての試験の訓練開始

わたしはただアンズをしつけるだけでなく、資格《しかく》のひとつもとっておいたら動物愛護《あいご》のイベントやデモンストレーションなどで役に立つのではないかと思い、「基本服従《きほんふくじゅう》」という試験に挑戦《ちょうせん》させてみることにしました。

警察犬《けいさつけん》の試験を受けるには、いくつかの試験に合格していなければなりません。その基本となるのが、この「基本服従」で、どんな高度な試験を受けるときでも、この「基本服従」は必修《ひっしゅう》科目として入っています。

この試験では決められたコースを右回りや左回り、折り返しをしたり、早足、遅足《おそあし》で指導士《しどうし》といっしょに歩いたりします。犬だけを決められた場所に待たせて、「来い」「待て」「前へ」などの指示《しじ》にしたがわせるものなどもあります。

どれもかなり高度な内容《ないよう》です。

しかも警察犬をめざす犬には、ただそれができるだけでなく自分の本能《ほんのう》や欲《よっ》求《きゅう》をおさえて、指導士の命令をきくことが求められます。もし指導士の命令をきかずに現場でうろうろしてしまうようでは、とてもそうさく活動には参加できません。

警察犬になるために訓練をするのは、指導士への服従心を育《はぐく》み、信頼関係をきずくためでもあるのです。

アンズはつぎの試験を目標《もくひょう》に訓練をはじめました。

福島《ふくしま》の訓練に参加

二〇一四年五月十二日、福島県《ふくしまけん》猪苗代《いなわしろ》町の牧場。いよいよアンズの今までの訓練の成果《せいか》を試す日がやってきました。

アンズは午前に「基本服従訓練部門」を、そして午後に「公開訓練試験・服従第一科目」を受けます。

晴れわたった空の下、一面に広がる草地のみどりが日にかがやいています。きもちのいい高原の風がふいています。

午前中の「基本服従訓練部門《きほんふくじゅうくんれんぶもん》」は決められたコースを歩いたり、走ったり、とまったりするものです。

「アンズ、調子《ちょうし》いいじゃないか」

トイプードルというだけで注目を集めているはずです。そう思っただけで緊張《きんちょう》しているのはわたしのほうで、アンズはおちついています。

半分まではまずまず上手にできました。

ところがアンズは試験の後半、コースのむこうに幼稚園《ようちえん》の子どもたちのすがたを見つけると、一目散《いちもくさん》にかけより、あまえた声を出しながらおなかを出してしまいました。

「アンズ！」

大急ぎでよびもどしましたが、この項目《こうもく》は〇点です。見学者にわらわれてしまいました。

結果は百点満点で六十点以下しか、とれませんでした。


お昼に、知りあいのプロの訓練士《くんれんし》がこう教えてくれました。

「トイプードルは人にかわいがられる愛玩犬《あいがんけん》として飼育《しいく》されているので、目で見えるもので判断《はんだん》して行動することが多いんです。やる気もあるので、訓練すればできる能力《のうりょく》をもっているのですが、集中力が持続《じぞく》しません。わたしも一度、どこまで訓練できるかチャレンジしたい、と思っているので、がんばってください。ねばり強く続ければ、かならずいい結果が出ると思います」


午後の試験は見学者がいなかったので、集中できたようです。

なんとかクリアし、「服従第一科目」は八十点。「特良《とくりょう》」という評価《ひょうか》で、今日の試験は合格することができました。

うれしかった。合格が当たり前のシェパードではあじわえない、うれしさです。アンズはがんばりました。

高原の夕ぐれは早く、あっという間に寒くなってきます。

わたしはがんばっていい結果《けっか》を出したシェパードたちと、試験で奮闘《ふんとう》したアンズといっしょに帰路《きろ》を急ぎました。

車の後ろから、犬たちの寝息《ねいき》がきこえてきます。

高い能力《のうりょく》をもっているアンズ?

この試験のとき、古い知りあいが声をかけてくれました。日本警察犬《けいさつけん》協会の本部審査員《しんさいん》の江口さんです。

「このトイプードル、試験中、シッポをずっと上げていたことに気がついてました?」

「いやあ、気がつきませんでした」

犬は人が無理やり訓練させていたりすると、シッポを下げておどおどとしますが、アンズはそうではなかったと言うのです。

アンズは訓練をいやがっていなかった！

「鈴木さん、この犬のいいところをもっと引き出して、どこまでできるか挑《ちょう》戦《せん》してみてくださいよ。この犬なら、もっと上の資格《しかく》をとることもできるはず。めざしてみては」

わたしはそう言われたことで、ちょっと自信を持てました。

トイプードルは愛玩犬《あいがんけん》として改良されてきた犬ですが、犬が本来、持っている五感を目覚めさせながら本格的《ほんかくてき》に訓練してみようか、と思いはじめました。

最近のアンズを見ていると、おやつも一度には全部食べずに、サークルの中の見えないところにかくし、ひまなときに食べるようにしています。これはもともと犬がもっている、食べ物をかくす習性《しゅうせい》がよみがえったのでしょう。

最初は自分の鼻の能力《のうりょく》にさえ、気がついていないようでしたが、今では地面に鼻をこすりつけるような〝犬らしい〟動作も増えてきました。

「アンズ、犬らしくなってきたなあ」

こうした五感が全開《ぜんかい》するまでに一年かかりました。


試験をめざすにはシェパードたちの協力も不可欠《ふかけつ》です。なにしろ、アンズはシェパードがやっていることを見て学ぶことが多いのです。きっと庭でいっしょにすごしながら、いろいろなことを教えてもらっているはずです。

犬たちはこんなふうに会話をしているのではないでしょうか。

だれかがそうさくの出動から帰ってくれば、

「どうだった?」

「行方不明者《ゆくえ》をさがして、山の中腹《ちゅうふく》まで行ったんだ」

「それでどうしたの?」

「人間があっちへ行こう、と言うけど、においはちがうほうに続いていたんだよ……。とにかく、くたくただ。つかれてるから、そっとしておいて」

「それにしてもアンズはのんびりできていいなあ」

体の大きさはぜんぜんちがうけれど、犬社会の中ですごす環境《かんきょう》にあるアンズです。先輩《せんぱい》からたくさんのことを学んでいるはずです。


二〇一四年五月、この犬の社会に一頭、仲間《なかま》が増えました。

グレンの子どものディーンがわが家にやってきたのです。

知りあいの家で生まれたのをゆずり受けました。

これでグリム、グレン、ディーンの親子三代とアミの四頭のシェパードになりました。

ディーンは生後二カ月で、一歳《さい》のアンズとほぼ同じ大きさです。


しばらく同じケージですごさせました。

顔をべろべろとなめたりして、したってくるディーンにアンズはちょっとこまって、軽くいかくしたりしながら適当《てきとう》にあしらっています。

どうやらアンズなりに一生懸命《いっしょうけんめい》、ディーンを教育しているようです。

でも、日に日に大きくなるディーンの、前足のパンチには本当にこまっていました。なにしろ、ディーンの前足はアンズの二倍もあるのです。あんまりうるさいと、アンズは自分の寝室《しんしつ》に入りこみ、ふて寝《ね》をしてしまいます。

でもディーンはまだ、あかちゃん。こりずにアンズにちょっかいを出してきます。

この同居《どうきょ》生活は四十日で終わりました。

アンズ、訓練の日々

二〇一四年六月、つぎの試験にむけてアンズの訓練がはじまりました。

試験は前に受けた試験にくわえて、投げたダンベルを持ってこさせる「物品《ぶっぴん》持来《じらい》」と、障害物《しょうがいぶつ》を飛び越《こ》える「障害飛越《ひえつ》」があります。

まず、ダンベルを持ってくる訓練からはじめました。

ダンベルを見せても、アンズはガンとして口をあけません。そこでアンズがよくじゃれている、くつしたを使うことにしました。

アンズの顔の前でくつしたをひらひらとさせます。

「アンズ、ほら、くわえてごらん」

くわえたら引っぱりあいをし、はなしてやる。それを何回かくり返すと満足そうな顔をします。これを一週間、続けました。

つぎは小さなダンベルで引っぱりあいをしてみようとしましたが、いやがります。何回やってもガンとしてやろうとしません。


「グリムがやっているところを見せたら、どう?」

妻《つま》からそんな提案《ていあん》がありました。

「その手があったな」

わたしはグリムにダンベルをくわえさせてみました。

さすがグリム。数十秒後に「出せ」と命令すれば、くわえていたダンベルをはなします。それでもアンズはぜんぜん興味《きょうみ》をしめしません。三日もやったのにそっぽをむいています。

「ははーん、アミだ！」

教育係のアミにお願いすればいいのだ、ということに気がつきました。

アンズの目の前で、アミにダンベルをくわえさせて、しばらく保持《ほじ》させ、「出せ」の命令ではなすところを見せました。

アンズは真剣《しんけん》に見ています。

ダンベルをはなしたアミに「よくやった！」とうんとほめ、おやつを与えました。これを数回見せてから、アンズにダンベルをくわえさせてみると……、ちゃんとやるではありませんか。

「できるじゃないか、アンズ」

ごほうびをあげました。

（上）ダンベルをくわえたアンズ。今はちゃんとくわえることができます
（下）50センチぐらいの障害物《しょうがいぶつ》なら、ごらんのとおりに軽々《かるがる》と飛べます

しかし、これがまずかった。ダンベルをくわえても、わたしの命令をきかずに勝手にダンベルをはなして、おやつをくれ、と要求します。

そうはいきません。わたしとアンズの根《こん》くらべがはじまりました。毎日、コツコツくり返すしかありません。

二週間かけて、少しずつ長く持てるようになり、さらに二週間かけて、もったダンベルを「出せ」の命令ではなすことができるようになりました。でも、ときどき、わたしの命令を無視《むし》して、投げられたダンベルに一目散《いちもくさん》にかけよりカミカミしてしまいます。あんなにいやがったダンベルなのに……。

「投げられたダンベルをくわえて、命令があるまではなさない」という「物品《ぶっぴん》持来《じらい》」を覚えさせるのに三カ月ほどかかりました。

ハードルをこえる練習は、家にある訓練の台を使いました。十センチの高さからはじめ、少しずつ高くしていって、四十センチの高さまで飛ぶことができるようになりました。

これもアミの力を借りました。

「アミ、飛べ！」

さっそうと飛ぶアミを見て、アンズはやってみたいと思ったようで、これはスムーズにこなすことができました。

小さな体を宙《ちゅう》にぽーんと舞《ま》わせて飛ぶアンズのフォームはなかなかなものです。

つぎの試験はかなり高度に

二〇一五年六月。

今までの訓練の成果《せいか》を試すために、岩手県で行われた試験を受けました。

「服従《ふくじゅう》第二科目」に挑戦《ちょうせん》します。

前の試験を受けてから一年、たっています。

基本《きほん》となる「基本服従《ふくじゅう》」はなんの問題もなくできました。

ちゃんとやってくれるかどうか不安だった、ダンベルをつかう「物品持来《ぶっぴんじらい》」は訓練の成果《せいか》があって、スムーズにできました。

もうひとつの「障害飛越《しょうがいひえつ》」は練習につかったハードルとちがって、はでな色に着色されたものが設置《せっち》されていたのでわたしも不安になりました。

アンズも「いつものとちがう」と思ったのでしょう。

案《あん》の定《じょう》、飛びません。

「ほらいけ、アンズ」

再度《さいど》、挑戦《ちょうせん》させたら、なんとか飛ぶことができました。

総合《そうごう》点数は八十三点。合格です。障害飛越で一度目に飛ばなかったのが減点《げんてん》になったようです。

ただ、たくさんの見学者がいたのに、観客に影響《えいきょう》されることなく動くことができました。

この一年でずいぶん成長したなあ、と思いました。


アンズの訓練はこれで終わりにします。

あくまでも人になれる社会化を進めることが目的で訓練をし、その一環《いっかん》として、二つの試験を受けたまでです。

試験に受かっただけで十分です。


きょうは動物愛護推進員《あいごすいしんいん》として愛護推進活動の日です。

水戸駅前でアンズをだっこして路上に立ちました。たくさんの人にだいてもらおうと思ったからです。

小学校高学年の女の子がやってきました。

「だっこしてみる?」

アンズはちょっとけげんな顔をしましたが、すぐになれておとなしくだかれています。

こんどはおばあさんがやってきました。犬を飼《か》っていたことがあるそうで、上手にだいてくれました。

でも、中高年の女性にだいてもらうと、まだ全身をふるわせ、その人の顔を見てにおいをかぎ、また小さくふるえます。

まだ、こわいんだ……。わたしはぎゃくたいのこわさをあらためてかんじました。一度、受けたぎゃくたいはトラウマになって、そうかんたんにはわすれることができないのです。

この日、アンズは数十人にだいてもらったのですが、ふるえはなくなりませんでした。

ディーンはライバル?

ディーンは生後九十日から基本《きほん》訓練と追及《ついきゅう》基本訓練をはじめました。

いつもの運動場に行き、アンズをサッカーゴールにつないでディーンの練習を見学させます。

ディーンが足跡追及《そくせき》の訓練をはじめました。わたしの足あとを追わせます。

「ワンワンワーン!!」

アンズがはげしくほえます。

「あれ、アンズがうるさいな」

仕方なく、休けい。

ふたたび、ディーンの訓練です。

さすがにグレンの子ども。着々とこなしていきます。

「よーし、上手だ」

よくできたら、ほめて遊んであげるのがわたしのやり方です。

「ウー、ワーンワン!!」

アンズが二本足で立ち上がって、今まで見たこともないくらいにはげしくほえました。

「おっ、アンズもやりたいのか？」

あまりにもほえるので、アンズのリードをゆるめてやるとディーンが足跡追《そくせきつい》及《きゅう》をした場所のにおいを一生懸命《いっしょうけんめい》かいでいます。

「アンズもやりたいのかなあ」

それではものは試し、とディーンのつかった足跡追及の基礎《きそ》訓練のコースをアンズにやらせてみました。でも、アンズは二歩目でウロウロして、わたしのところにもどってきてしまいました。

やっぱりアンズにはむずかしいようです。


その日の夜、わたしは昼間のアンズの行動について考えていました。

どうして、あんなにはげしくほえたのか？

もしかしたら、あれは訓練をやりたいとアピールしていたのではないか？

まさか、アンズが警察犬《けいさつけん》をめざす!?

わたしは自分の考えをすぐ打ち消しました。第一、茨城《いばらき》県警察《けんけいさつ》嘱託《しょくたく》警察犬は、あの七種の犬しかなれないことになっています。

でも、わたしの心のどこかに、もしできるならアンズに警察犬の試験を受けさせてみたい、というきもちがありました。

それにわたしには、どうしてもアンズがやりたがっているように思えてしかたなかったのです。


この先の訓練を続けようか、もうやめるか。

わたしはなやみました。


人はわらうかもしれないけれど、やらないで後悔《こうかい》するより、ダメかもしれないけれどやってみたほうがいいのではないか、と思いました。

やらないであきらめるより、とにかくやってみる。

よし、やってみるか、アンズ。

わたしはこのことを妻《つま》に話しました。妻はこう言いました。

「いつかやる、と思ってましたよ。アンズがかわいくて仕方なさそうだし、いつもアンズの自慢話《じまんばなし》をしているから、ね、おとうさん」

アンズはきょうの訓練でつかれたのか、ぐっすり寝《ね》ています。

その顔はうちに来たときの顔とはちがいます。あのときのおびえた表情はもうありません。

アンズがわが家にやってきて二年。

わたしは決めました、やってみよう、警察犬《けいさつけん》をめざそう。

わたしは熟睡《じゅくすい》して寝言《ねごと》をいうアンズの背中《せなか》をポンポンとたたいて、明日からの訓練の計画を立てました。

第三章

警察犬《けいさつけん》をめざすアンズ

優秀《ゆうしゅう》なシェパード

もともとシェパードはひつじの世話をする牧羊犬《ぼくようけん》で、自分がやるべき仕事をきちんとやる、といううきもちがとても強い犬です。人への服従心《ふくじゅうしん》も強く、性《せい》格《かく》もおだやかで勇気もあります。

警察犬《けいさつけん》や盲導犬《もうどうけん》、軍用犬《ぐんようけん》といった使役犬《しえきけん》（人に使われる犬）として、あらゆるところで活躍《かつやく》しています。

シェパードの長く太い首は、地面に鼻をつけてにおいをかぐのに適《てき》していて、長時間の追跡《ついせき》でも集中できます。この集中力はたいしたものです。

ふだん、家のそばを通るねこをシェパードたちは気にしますが、仕事中なら鼻の先にねこがいても無視《むし》するし、たとえ焼肉屋や焼き鳥屋からおいしそうなにおいがしてきても、それに気がそがれることはありません。

わが家は住宅街《じゅうたくがい》にありますが、それほど大きくない庭でシェパードを四頭飼《か》っています。

「えっ、住宅街で四頭も⁉」

おどろく人もいますが、この犬たちが近所の防犯《ぼうはん》に一役かっている、と言ってくれる人もいます。

犬たちがいると、どろぼうが近づかないので防犯になるらしいのです。


こんなことがありました。

近所の畑や家畜《かちく》の小屋に、ハクビシンがあらわれてこまっているという苦情《くじょう》がよせられていました。その畑の先の雑木林《ぞうきばやし》にシェパードたちを連れて行きました。犬たちが倒木《とうぼく》が積み上げられた場所に近づき、そこに鼻をつっこむと、黒いものが倒木から飛び出してきました。

「キー‼」

その瞬間《しゅんかん》、悲鳴《ひめい》が上がりました。見事、つかまえたのはアミです。ハクビシンの首をがっちりとくわえていました。

歩幅《ほはば》がこんなにちがう

優秀《ゆうしゅう》なシェパードにやってきた訓練を、どうアレンジしてアンズむきにするか考えなければなりません。

グリムの足跡追及《そくせきついきゅう》の訓練をしているときに、雨になったことがありました。河川敷《かせんじき》の野球場はぬかるんで足元はどろどろです。でも、雨の日でもそうさくはあるので訓練を続けていました。

グリムが土に鼻をこすりつけて、においをかぐのを見たときです。はたと気がつきました。シェパードの歩幅《ほはば》とわたしの歩幅は同じだから、シェパードは無理なくにおいを追うことができるのです。

ところが、アンズの歩幅はその三分の一もありません。アンズが人間のつぎの一歩をさがすには、三歩も前へ進まなければならないのです。

ふつうの人間の歩幅ではアンズは追いつけない、ということにやっと気がつきました。

今日もシェパードの訓練についてきたアンズは、サッカーゴールにリードを結ばれて見学です。何度も立ち上がって、こうふんしてほえます。

「やらせて、やらせて」とアピールしているのです。

「よし、アンズ、やってみるか?」

わたしはアンズのために二十センチ間隔《かんかく》の足あとを、三メートルにわたってつけてみました。

「アンズ、行け!」

まだ、雨が降っています。アンズはぬかるみに鼻をこすりつけるようにして、においを追いかけはじめました。

フゴフゴフンフン

おお、足あとを追っているではありませんか!

「できるじゃないか、アンズ！」

ドロドロになった顔に満足そうな表情をうかべて、こちらを見ます。

「よし、アンズ、いけるぞ！」


その後、少しずつ長さをのばし、十日で十メートルまで追及《ついきゅう》できるようになりました。

つぎにわたしのにおいをつけた布を十メートル先におき、そこまで二十センチ幅《はば》の足あとでにおいをつけます。においのする布を見つけたら、その場にすわるという訓練です。

「アンズ、これを見つけたら、そこにすわるんだよ」

アンズをスタート地点に立たせました。

「いけ、アンズ！」

フグフグ、フッ、フッ
アンズの鼻息がきこえます。顔を草地にこすりつけるようにして少しずつ、

①まず、人間の足のにおいを歩いてつけます

②その足あとのにおいをクンクンと追います

③鼻を地面にこすりつけて

④最後に物品を見つけたらすわります

十メートル進み、茶色の布を見つけるとピシッととまりました。

一発でできました！


つぎは芝生《しばふ》と同じみどり色の布でやってみます。

もしかしたらさっきは草地で目立つ茶色の布だったので、目で見て確認《かくにん》してできたのかもしれません。

みどりの草地の、十メートル先にあるみどり色の布。人の目ではもはや確認できません。

わたしのほうがドキドキしましたが、わたしの心配をよそに、アンズは鼻をこすりつけてにおいをたどり、みどり色の布の前でピシッとすわりました。

「できたでしょ！」

そう言いたそうな顔をしています。

布の前ですわるのは、犯人《はんにん》の手がかりとなる証拠物件《しょうこぶっけん》にさわってはいけない、という警察犬《けいさつけん》のルールです。

つぎはコースを少しずつ曲線《きょくせん》にし、わたしの足あとを二十センチから三十センチ間隔《かんかく》にひろげました。

アンズが足あとのにおいをかぎはじめました。とちゅう、後ろからついていくわたしの顔を見て、「わからない」という顔をすることもありましたが、「さがせ、さがせ」とはげましているうちに、なんとかゴールまでたどりつき、布の前ですわりました。

「よくやった、アンズ」

そして、しばらくすると、三十センチ間隔の歩幅《ほはば》もちゃんと追うことができるようになったのです。

つぎはふつうの人の歩幅での訓練です。

まず、三十メートルの直線に、六十センチ間隔で足あとをつけました。五十歩ほどあります。とちゅうにみどり色の布を、最後のポイントには割りばしをおきました。

アンズはとちゅう、みどり色の布の前ですわり、ゴールの割りばしの前でもちゃんとすわりました。三日でクリアしたのです。

さらにむずかしくなります

こんどはわたしの足あとで、とちゅう直角に曲がるコースをつくりました。するとて曲がり角にかかると急に、においがなくなるので、どっちにいったらいいかわからなくなってしまい、「わからない」という顔をしてこちらを見ます。

これも根気よく訓練し、なんとか直角を曲がれるようになりました。

とちゅうにおく物も、百円ライター、ドライバー、かぎ、コーヒーのあきかん、ナイフ、ハンマー、たばこのすいがら、くつ、筆記用具《ひっきようぐ》、お札など犯人《はんにん》がおとしていくような実戦《じっせん》に近いものを使います。

たばこのすいがらはにおいをいやがって、近づこうとしませんでしたが、コーヒーのあきかんは大好き。かんの中にコーヒーが少し残っていれば、鼻をつっこんで飲もうとします。

「いけない！」

そのつど、いいことと悪いことを教えて覚えさせます。

訓練は本当に地道に、一つひとつのつみかさねなのです。

試験は制限時間《せいげん》があるので、アンズは早足で回らなければ間にあわないという、大型犬にはないハンディがあります。今日からはアンズのうしろから「早く早く」と声をかけて、追いたてる指導もくわわりました。

アンズ、大ピンチ！

この日は昼間に行方《ゆくえ》不明者そうさくの出動があったので、夕方はいつもの河川敷《かせんじき》でなく、近くの公園でアンズの訓練をしました。

最初に足跡追及《そくせきついきゅう》訓練をしたグリムをベンチにつないで、アンズの訓練をはじめました。

きょうは直線を七十五歩進み、直角に曲がり、また七十五歩進み、また直角で五十歩というコースです。とちゅうに、わたしのにおいをつけた遺留品《いりゅうひん》（犯人《はんにん》がおとしたもの）を二個、ゴールには布をおきました。

まず、出発点で足あとのにおいをよくかがせます。きょうは早足で進み、調子《ちょうし》よさそうです。

「いいよ、いいよ」と声をかけます。

夕焼けであかね色になった空がひろがっています。

「ワォンワォン、ワォンワォン!!」

アンズが五十歩ほど進んだとき、はげしくほえるグリムの声が空にひびきました。

なんだ、グリム!

ほえるのをやめさせようと、グリムをふり返った瞬間《しゅんかん》、大きな黒いものがアンズをめがけて、急降下《きゅうこうか》してきます。

「うわあー！」

グリムの鳴き声におどろいたアンズがこちらへ走ってきました。すると、その背中《せなか》スレスレに大きな黒い鳥が羽ばたき、上昇《じょうしょう》していきました。ひろげた羽が一メートルもある黒い鳥がむこうへと飛び去っていきます。

なんだったんだ？

わたしは立ちすくんでしまいました。アンズはわたしの足元でうずくまっています。

近くで大型望遠鏡《ぼうえんきょう》をかまえていた人がかけよってきました。鳥の観察《かんさつ》をしていたようです。

「あぶなかったですね。あれはオオタカです。このあたりで野うさぎをねらっているんです。その小さな犬をうさぎとまちがえたんでしょうか」

どうも、草むらの中を動くアンズを獲物《えもの》とまちがえたらしいのです。

「そのシェパード、お利口ですね。ほえて知らせましたものね」

よかった、アンズはグリムに救われました。

訓練がはじまって、ひと月がすぎました。なんとか芝生《しばふ》での長距離《ちょうきょり》の足跡《そくせき》追及《ついきゅう》はほぼできるようになりました。

今日はおだやかな風がふき、気温も高くなく、訓練にはもってこいの日です。

「アンズ、行くぞぉ」

今ではわたしが車のかぎをもっただけで、ソワソワとして訓練に行く気まんまん。ピョンピョンとジャンプしてよろこびます。

アンズの背《せ》より高い草地の中で、においを追いかける訓練をやってみました。アンズは草の中を飛びはねるうさぎのようです。オオタカがうさぎとまちがえるのも無理ないなと思いながらながめているうちに、ある問題に気がつきました。それはピョンと前のほうに飛び上がると、着地した場所ににおいがないことがあるのです。

最初は「においがなくなった」とウロウロしたり、ピョンピョンとさがしていましたが、少しするとコツを覚えたようで、飛び上がっても足あとのにおいを追うことができるようになりました。

ここまで、やるべきことはやりました。

あとは試験日の天気や気温、それにまわりの人のようすなどがアンズに味方してくれたら、力を出せるはずです。

トイプードルも警察犬《けいさつけん》になれる？

二〇一五年六月二十四日、「足跡追及第一科目」の試験の日がきました。

きょうは朝から快晴《かいせい》です。気温がちょっと高めなので、アンズはハアハアと口から舌《した》を出して息をしています。

会場は岩手県奥州市《おうしゅうし》、たくさんの犬が集まっています。大型犬が多く、太陽の光をあびてさっそうと歩くすがたがかがやいて見えます。

うちのアンズは……。朝、妻《つま》に念入りにブラッシングしてもらって、うんちもおしっこもしてきましたから体調は万全《ばんぜん》です。

アンズの番になりました。「基本服従《きほんふくじゅう》」は今までいちばんよくでき、続く足跡追及《そくせきついきゅう》作業も草地の中でしたが、アンズの背丈《せたけ》より低い草の中だったので、安定した作業ができました。

見学している人から「よくやりますね」とおほめのことばをいただきました。

この試験は七十点で合格しました。

その少しあとに、茨城県警察嘱託警察犬研修会《いばらきけんけいさつしょくたくけいさつけんけんしゅうかい》が開催《かいさい》されました。わが家のグリムとグレンが参加するので、アンズも連れて行きました。見学です。

三十六頭が参加し、グリムが優勝《ゆうしょう》し、グレンが三位に入賞しました。

アンズは県警《けんけい》の鑑識課《かんしきか》の女性職員《しょくいん》たちにあいきょうをふりまいています。

すっかりみなさんと顔なじみになりました。

このとき、今年の嘱託警察犬審査会《しんさかい》から、警察犬七犬種以外の犬でも規定《きてい》の訓練資格《くんれんしかく》を取っていれば、受験できるという発表がありました。

アンズももうひとつ、「足跡追及第二科目」という試験に合格すれば、警察犬の試験を受けることができるわけです。

警察が小型犬にも門戸《もんこ》を開くとは、画期的《かっきてき》なことです。

これはアンズにとって願ってもないチャンスです！

「じゃあ、うちのアンズも受験させてみようかな」

知りあいに話しているのをきいていたプロの訓練士が「ゆめをみるのは自由だからね」と言いました。

「茨城の警察犬の試験は、全国レベルからみてもむずかしいコースでシェパードだってきびしいのに、トイプーなんて無理ですよ。シェパードといっしょに訓練してるからって、そんなにあまくはないよ」

そう言っている声もきこえてきます。

でも、「がんばってくださいよ、期待してますから」と言ってくれる人もいます。

なんと言われようと、わたしのきもちはきまっていました。

アンズに警察犬《けいさつけん》の試験を受けさせる。

そうとなれば、受験資格《じゅけんしかく》を得るために、二カ月後にせまっている「足跡追及《そくせきついきゅう》第二科目」を受けなければなりません。

あまり時間がありません。

訓練、そしてまた訓練の毎日

いままでわたしのにおいで試験を受けていましたが、今度、受ける試験は他《た》人臭気《にんしゅうき》（わたし以外の人のにおい）での足跡追及になります。

犯人《はんにん》は知らない人ですから、知らない人のにおいを追えなければ警察犬として役に立ちません。

まず、妻《つま》の足あとのにおいを追わせてみましたが、何回やってもわたしのにおいをさがしてしまいます。

スタート地点につけたにおいをさがす、ということをどうやってアンズに理《り》解《かい》させればいいのか、考えてしまいました。

週末、家に帰ってきた息子にも協力してもらいました。

息子に足あとのにおいをつけてもらい、とちゅうにアンズの大好きな魚肉ソーセージをおいてみましたが、この作戦は失敗。

アンズはただただソーセージだけをさがし、好きなように歩いてしまいました。

そこでまた、アンズの大好きなフライドチキンを息子のくつのうらにこすりつけて、その歩いたあとを追わせました。これは大成功。

少しずつ、そのにおいをうすくし、最後はにおいがなくても追えるようになりました。

こうやって他人臭気での足跡追及を克服《こくふく》しました。

二〇一五年八月四日、青森県十和田市《あおもりけんとわだし》で行われた訓練大会で受験《じゅけん》しました。

「足跡追及第二科目《そくせきついきゅう》」というレベルの高い試験で、コースは全長二百五十歩。

何回か曲がるコースで遺留品《いりゅうひん》は三個、所要時間は五分以内。

この訓練は十分やったので自信があります。

予想どおり、満足のできる結果で合格しました。

九十点という高得点《こうとくてん》です。

これで警察犬《けいさつけん》の審査会《しんさかい》に出場できる資格《しかく》はとれましたが、わたしはもうひとつ上の資格をとることを計画しました。

どうしてか？

トイプードルというハンディがある犬種なので、少しでも優位《ゆうい》な条件でスタートラインに立たせてあげたい、と思ったからです。

それにアンズには、それができる力があるはずだと確信《かくしん》していたからです。

もうひとつ、むずかしい試験を受けます

「足跡追及第三科目」というつぎの試験には、シェパードも苦手とするほそう道路での足跡追及がくわわります。

草地からほそう道路へ続くコースをつくり、においを追わせると、その境《さかい》目《め》でまごまごしてしまいます。一週間やっても、ほそう道路の手前ですわってしまうのです。

もしかしたら、アスファルトが熱いのではないかと温度計で道路の表面を測《はか》ってみると三十度近くありました。これでは、石油のにおいがするばかり。そこで訓練を夜にやってみたら、ちゃんとできるではありませんか。シェパードたちもこうやってアスファルトを克服《こくふく》したことを思い出しました。

ほそう道路での足跡追及ができるようになったら、今度はじゃり道や土、草

地、おち葉の道など、どんな場所でも追及《ついきゅう》できるようにしなければなりません。

アンズは歩く地面の感触《かんしょく》が変わると、不安そうにうしろを歩いているわたしをふりかえります。

そのたびに「だいじょうぶ」と声をかけ、できると「よくやった」とたくさんほめてあげます。

こうやって、いろいろな道でもどんなにおいでも追えるようになりました。

もうひとつ上のランクの試験（「足跡追及第三科目《そくせき》」）は、八月二十五日に試験が行われる北海道に行かなければなりません。

ちょっと遠いのですが、知りあいの訓練士《くんれんし》がいるので思いきって行くことにしました。シェパードもいっしょです。

車にはアンズと三頭のシェパードしか乗せられません。二泊の予定です。

一頭をどこかに預《あず》けなければと、となりの上田さんのおくさんに話すと、

「それなら、アミちゃんをおいていって。世話はするから。だって、アミちゃ

この車にシェパード３頭とアンズが乗って、北海道まで行きました

んはうちをたずねてくる人をよく覚えていて、知らない人が来るとすごくほえるから安心なの。いないと不安だからお願い、おいていって」

八月二十四日。わたしたちはアミを残して、北海道にむかいました。

東北道で八戸《はちのへ》まで行き、八戸港から苫小牧港《とまこまいこう》まではフェリーを使います。

夕方、八戸につき、犬にえさを与えたあと、トイレをさせて、船に乗りこみました。夜九時に八戸を出発して、翌朝六時に到着《とうちゃく》予定です。

その間、犬はずっと寝《ね》ていられるので、トイレの心配はありません。犬たちは一晩、車の中でおとなしくすごしました。

翌朝《よくあさ》、苫小牧港に入港。水平線がひろがる雄大《ゆうだい》な景色に北海道にきた、という実感がわきました。

友人の大沼さんがむかえにきてくれて、犬たちがおしっこをできる場所を案内してくれたあと、会場へ連れて行ってくれました。

大沼さんが競技会《きょうぎかい》を見学にきた人たちに、こう言いました。

「トイプードルが『足跡追及第三科目《そくせきついきゅうだいさんかもく》』を受験《じゅけん》するのは、全国的にも初めてのことなんですよ」

それをきいて、アンズよりわたしのほうが緊張《きんちょう》しました。いや、アンズはいつもどおり平然としています。

いよいよ試験がはじまりました

アンズはおちついて作業しました。

コースは全長三百五十歩と前回よりも長くなり、かなりふくざつになっています。遺留品《いりゅうひん》は三個で、所要時間は七分以内。

そのむずかしいコースを少しの不安もなく、着実に進んでいくアンズ。

最終物品を発見し、その前にすわったときは見学している人たちから拍手《はくしゅ》をもらいました。

審査員《しんさいん》からも「よい追及でした」とよい講評《こうひょう》をもらい、点数は九十点。

「優《ゆう》」をもらいました。

これでアンズは、日本警察犬《けいさつけん》協会の足跡追及《そくせきついきゅう》部門の最高訓練資格《しかく》を取得《しゅとく》したことになりました。

基本服従《きほんふくじゅう》の訓練をはじめてから一年半です。


いろいろなことが思い出されました。本当に試行錯誤《しこうさくご》の連続《れんぞく》でした。

でも、たのしかった。

それはアンズが一度もへこたれず、いつも「やりたい、やりたい」と前向きで、一つひとつできるようになる達成感《たっせいかん》をわたしにあじわわせてくれたからです。


そして、なによりアンズは「がんばれば、できる」「やってできないことはない」ということをわたしに教えてくれました。

「こんなにちっちゃいのががんばっちゃうと、大きなシェパードにプレッシャーがかかるわね。うちのシェパードもがんばってもらわないと」

妻《つま》が言います。

たしかに、警察犬になる素質《そしつ》のあるシェパードは悪い点は取れません。帰りの車ではアンズもつかれたのでしょう。家に着くまでずっとしずかに寝《ね》ていました。

シェパードたちもがんばります

九月からは十月に長野の霧《きり》ケ峰《がみね》高原《こうげん》で行われる日本警察犬協会主催《しゅさい》の「日本訓練チャンピオン決定競技会《きょうぎかい》」にシェパードを出場させるための猛特訓《もうとっくん》でいそがしくなります。

この大会は、全国から約千頭の犬が参加し、「警戒《けいかい》」「臭気選別《しゅうきせんべつ》」「足跡追及」の三部門で日本一をめざします。わたしはこの大会に二十年以上挑戦《ちょうせん》し、最高位は二〇一一年、アミがとった足跡追及部門、全国第三位です。

シェパードたちは今までよりかなりふくざつなコースを、回数も増やして、訓練を行いました。暑い中、犬たちはがんばります。

日中はシェパードの訓練でせいいっぱいなので、アンズの訓練は夜おそく、家の近くの雑木林《ぞうきばやし》で行いました。

ある夜、いつものように訓練をしていると、とつぜん黒いものが走ってきて、アンズの鼻先でとまりました。

なんだ!?　目の前に現れたのは、顔の中心に白い線があるハクビシンです。鼻をひくひくさせ、アンズのにおいをかいでいます。

すると、アンズが、「ウー」とうなり、「ワンワンワン！」とけたたましくほえ、ハクビシンにむかっていきました。

そのいきおいに、ハクビシンはあわててにげていきました。

アンズもおどろいたのでしょう。うなりながら口からあわをふき、全身をふるわせ、背中《せなか》の毛をさか立てています。

このときわたしは、アンズが強くなったことを実感しました。

さて、この「日本訓練チャンピオン決定競技会《きょうぎかい》」ではグリム、グレン、デイーンの親子三代がそろって入賞することができました。

一週間ぶりに家に帰ると、アンズはわたしたちを熱烈歓迎《ねつれつかんげい》してくれました。三頭がいなかったので、アンズはさびしがり、妻《つま》のそばをはなれなかったそうです。

訓練もどんどんとむずかしくなって

茨城《いばらき》県警察《けんけいさつ》嘱託《しょくたく》警察犬審査会《しんさかい》の会場は、むずかしいコースで有名です。

その理由は審査会の開催地《かいさいち》の地形です。草地やほそう道路、じゃり道、上り坂、下り坂などがあり変化に富《と》んでいます。また、試験中に車が通りすぎることもあります。

わたしは審査会の会場ににた地形をしている近くの久慈川《くじがわ》の堤防《ていぼう》のある河川《かせん》

敷《じき》で訓練をしました。

きょうもいつものように、草地からほそう道路にむかって下り、ほそう道路を横断して、わたしの足あとのにおいをつけました。

「さあ、行け、アンズ」

ほそう道路を五、六歩、歩くとアンズが顔をあげて「においがない」と言いたそうな顔をしています。そこはさっき軽自動車が通り、タイヤの幅《はば》分だけ、においがなくなっていたのです。なにしろ、二十センチの歩幅《ほはば》の追及《ついきゅう》からはじめたアンズです。この小さな体ではそれだけでわからなくなってしまうのです。

シェパードたちはどうやっているのかと思い、グリムにやらせてみました。

すると、グリムは車が通り、においが消えたところにくると、首をのばして、その先にあるにおいをさがしあてているのでした。

でも、アンズのみじかい首ではとてもできません。どうやって、教えようか。

わたしは下りの斜面《しゃめん》の草地を利用することにしました。アンズが下り斜面の

アンズが上のほうから早足で下りてくると、道路の前でストップできずに
そのままにおいを追いかけることができました
（足あとは、においを追うアンズの足あとを描いたもの）

においを追って早足で走ってきます。そのいきおいのままほそう道路に突入《とつにゅう》すると、においのないタイヤ幅《はば》分をオーバーランしてしまい、先のにおいをキャッチすることになります。このアイディアは大成功。

これでアンズはにおいが消えたら、数歩《すうほ》先に進むというテクニックを完全に身につけました。

つぎの課題《かだい》は、高さのかべです。

試験のコースは、とちゅう三十センチの段差《だんさ》に飛び上がって追及《ついきゅう》を続けなければなりません。でも、飛び上がると今までのにおいがどこかにいってしまい、アンズはまたしてもこまってしまいます。

そこでアンズが大好きなフライドチキンの登場です。そのにおいをくつのうらにこすりつけて足あとをつけ、段差を飛び上がれば着地した場所にもフライドチキンのにおいがつきます。

これでちゃんと段差があっても追及することができるようになりました。

段差《だんさ》はフライドチキンのにおいで克服《こくふく》しました。
アンズにとっては、かべのように立ちはだかる段差だったのです

こうやってアンズは地道に、そして着実にテクニックを身につけていきました。

さらに審査会《しんさかい》でも確実《かくじつ》にできる犬はほんの数頭と言われている、ほそう道路につけられたむずかしいコースを訓練しなければなりません。

これはこのコースを克服《こくふく》して茨城県警察《いばらきけんけいさつ》嘱託《しょくたく》警察犬研修会《けんしゅうかい》・優勝《ゆうしょう》五回のグリムに教育係としてコーチをお願いすることにしました。

アンズはグリムのお手本を何度も見てチャレンジ。がんばりました。

訓練の仕上げとして、アンズが行ったことがない場所で足跡追及《そくせきついきゅう》をさせました。どんなことがとつぜんあっても冷静《れいせい》であることが求められるので経験を積むことが大事です。

最初、アンズは見知らぬ住宅街で飼《か》い犬にほえられてかたまってしまったり、むこうからやってくる救急車の音におどろいてすわりこんでしまったりすることがありました。これはなれていくしかありません。何度もやりました。

アンズの苦手な中高年の女性が多い駅前にも出かけました。

初老《しょろう》の女の人が「まあ、かわいい」と声をかけてきました。

その声を聞いたアンズは悲鳴《ひめい》をあげて、女の人に近より、おなかを出したのです。まだ、心の傷がいえていないことがわかります。

でも、試験中や警察犬になってから、こういうことがあってはこまります。

となりの上田さんのおくさんに相談すると、アンズが訓練をしているときに声をかけてくれることになりました。

上田さんのおくさんを見かけて、近よっておなかを出そうとするアンズに、上田さんのおくさんは大きな声でこう言いました。


「アンズ、仕事中でしょ！　ダメ」


これも何回もくりかえすうちに、声に反応しなくなりました。

アンズに作業をしている、という意識《いしき》が出てきました。

いよいよ警察犬《けいさつけん》になるための試験本番です

審査会《しんさかい》の前日は本番の会場に行き、通し訓練をしました。

グリム、アミ、グレンのベテランの三頭はなれたものです。安定した作業をします。当日、どのようなコースでもできると確信《かくしん》できます。

はじめて受験《じゅけん》するディーンとアンズはまずまずといったところ。

当日の天気、気温、ふんいき、コースにより、どうなるかわからないけれど、やれることはやったから、どういう結果《けっか》であれ、悔《く》いなしという気分でした。

二〇一五年十月三十日。天気は快晴《かいせい》。日中は気温が上がりそうです。

空は高くすみきって、さわやかな風が心地よく、まさに試験日和《びより》です。

会場に着くと、たくさんの犬を見て、アンズがこうふんしています。

八時三十分、受付開始。五頭のゼッケンと出場順番表をもらいます。

「うーん」

わたしはうなってしまいました。はじめて受験するアンズとディーンの順番があとのほうなのです。もっと早い順番でやらせたかった。あとのほうだとコースがあれて、新人には条件《じょうけん》が悪くなるのです。

おまけにアンズのスタート地点は見学者がたくさんいます。これもアンズにはあまりよくありません。

この時点で今回、アンズはダメだろうとあきらめました。

コースが発表され、開会式が行われました。

わたしはやはりトイプードルで受験する友人と「がんばりましょう」とエールを交換《こうかん》しました。

九時三十分。グリムはいつも通りのおちつきで、着実に行いました。

アミの出場順番のころから暑くなり、「ハアハア」と舌《した》を出していますが、アミも難《なん》なくすませました。

いよいよアンズの番です。

さらに暑くなってきました。

アンズは見学者を気にしています。その見学者からは「トイプーが足跡追《そくせきつい》及《きゅう》なんて、できるわけない」という声が聞こえてきます。

「お手なみ拝見《はいけん》といこう」と話している訓練士たちもいます。


アンズといっしょに審査員《しんさいん》の前に出て、アンズをすわらせました。

「犬名アンズ　指導士《しどうし》鈴木」と大きな声で申告《しんこく》しました。


印跡者《いんせきしゃ》（犯人役《はんにん》の警察官《けいさつかん》）がスタート場所に自分の手のにおいをすりつけた白い布をおき、コースをつくりはじめました。

わたしとアンズはスタートの合図が出るのを待っていました。すると、その間にほそう道路につくられたコースの上を車が通過《つうか》したのです。

タイヤで足あとのにおいが消えてしまいました。

見学者から「これはむずかしいスタートでダメか」という声がきこえてきました。

だいじょうぶ、これは何度も訓練したので不安はありません。


スタートの合図が出ました。

「さがせ」

わたしは白い布をさしました。

アンズはその布に鼻をつけて、フゴフゴとにおいをかぎ、そのままほそう道路に鼻をつけて、においを追いはじめました。

車のタイヤで消されたあともまようことなく、ななめに横断《おうだん》して三十センチの段差《だんさ》をジャンプしました。

高いところに飛びのると、ふたたび鼻を草地につけてにおいをさがしだしました。

「おいおい、ほそう道路の追及、できたぞ」という声がきこえました。

こんどは草地です。

思っていたとおり草がたおれ、前の犬と人たちが歩いた道ができていてわかりにくくなっています。でも、アンズはそんなことはものともせずに、さっさと草地をななめにのぼり、堤防《ていぼう》の中間地点にすわりました。その前には布（第一物品）がありました。


「見つけました」

わたしがその布を頭上にかかげて、審査員《しんさいん》に見せました。

審査員が確認《かくにん》したので、ふたたびアンズに「さがせ」と命令。


アンズは、鼻《はな》をつけて草地のにおいをかぎながら堤防の上にむかって、においを追いはじめました。

「おいおい、第一物品発見したよ！　ぐうぜんか？」

そんな声がきこえてきました。

とうとうアンズは、堤防のいちばん上にたどり着きました。

ここからいちばんむずかしいほそう道路のクランクコースです。グリムになんども教えてもらった難関《なんかん》コースです。

少し歩いたところで、アンズの歩みがとまってしまいました。右、左に首をふりながら、ほそう道路のにおいを一生懸命《いっしょうけんめい》、かいでいます。

あきらかにまよっているようです。

「やっぱり、無理だったな！　これで終わりか？」

みんながざわめきます。

アンズがかなり、あせっています。

「においはどこだ？」とさがしています。アンズは、わからなくなった場所を中心に円を描《えが》くように三百六十度、鼻を動かし、においをさがしています。

するとふたたび、歩きはじめました。

においを見つけたのです！

それからも順調に歩いていたのですが、アンズの歩みがふだんとちがうことに気がつきました。

かれ草がアンズの右うしろ足にからまって、歩きにくそうです。さかんにうしろ足をふってかれ草をおとそうとしています。でも、鼻はちゃんと追及作業《ついきゅうさぎょう》をしています。

かれ草をやっとふりおとしたアンズは草地に入り、数メートル先のふうとう（第二物品）の前ですわりました。

審査員《しんさいん》が「ハイ」と合図したので、アンズのもとに行き、ふうとうを取り上げ、手に持ってあげました。

「見つけました」

アンズにまた、「さがせ」と命令。

あと少しで最終物品です。

（がんばれ、アンズ）

わたしは心の中で応援《おうえん》しました。

心なしか会場がシーンとして、みんながアンズに注目しているような気がします。

わたしののどは、はりつくようにかわいています。

アンズは草地で安定した追及態度《たいど》で割りばし（最終物品）を見つけ、すわりました。

審査員が「ハイ」と合図したので、アンズのもとに行き、割りばしを取り上げ、手に持って高くかかげました。

「見つけました！」

アンズ、やった！

すべてをこなしたじゃないか！　すごいぞ！

がんばったなあ！

わたしはアンズをうんとほめてあげたいきもちをおさえて、審査員《しんさいん》に「ありがとうございました」とあいさつをしました。

すると、いつもしかめっ面《つら》の審査員が満面《まんめん》の笑《え》みで「よくやった」と講評《こうひょう》してくれました。

「すごいぞ」

「よくやるなあ」

見学している人たちから、そんな声がきこえてきました。

拍手《はくしゅ》でアンズをたたえてくれる人もいます。

わたしもうれしかったのですが、それよりも心底《しんそこ》、ホッとしてしまいました。

ディーンも初出場でしたが、ほぼかんぺきな足跡追及《そくせきついきゅう》をしてくれました。

わが家の犬たちは五頭とも、すべての遺留品《いりゅうひん》を発見できました。

試験が終わって、ホッとしているところ

わたしは指導《しどう》にしたがってくれた、この五頭の犬たちに感謝《かんしゃ》のきもちでいっぱいです。

「おつかれさん。ありがとう」

わたしは一頭一頭に声をかけて、頭をなでました。

アンズがやさしく、わたしの手をなめました。

「ちゃんとできたでしょ?」と言いたそうです。

「よくやったぞ、アンズ。上出来《じょうでき》だ!」

新聞社の人たちが「どうでした?」ときいてきました。

一生懸命《いっしょうけんめい》やることができて、遺留品《いりゅうひん》はすべて発見できたことを話すと、みんなよろこんでくれました。

第四章

がんばれ！　警察犬《けいさつけん》・アンズ

合格《ごうかく》の通知がきた

それから一カ月半後、茨城県警察本部《いばらきけんけいさつ》から郵便《ゆうびん》がとどきました。

ふうとうをあけると、来年の嘱託警察犬《しょくたくけいさつけん》のリストが入っています。

ここに名前があれば合格《ごうかく》です。

「アンズ……、あった！　アンズの名前があった！」

わが家の犬、五頭はすべて合格していました。

妻《つま》がアンズをだっこしました。

「おめでとう、よくやったね、アンズ。こんな小さいあんたが警察犬だって。みんな、おどろいちゃうね……」

涙《なみだ》で声になりません。

「そうだ、ユニフォームをつくってあげないとね。こんな小さいのが事件現場《じけんげんば》に行ってもユニフォームを着てないとだれも信じてくれないからね」

アンズが合格した情報《じょうほう》が伝わり、いろいろな人から電話やメールがきました。めずらしい警察犬として、たくさんのマスコミが取材にきました。

それにしても、アンズが無事、試験に合格できたのは、アンズが人になれるように協力してくれた茨城県《いばらきけん》動物指導《しどう》センター職員《しょくいん》や動物愛護推進員《あいごすいしんいん》、訓練に協力してくれたとなりの上田さんなど、たくさんの人たちのおかげです。

わたしはうれしさと同時に、ずっしりと重い責任《せきにん》をかんじました。

アンズの合格は警察犬としてのスタート。

これからが本番だからです。

県警察学校《けんけいさつ》で二〇一六年一月十五日に嘱託警察犬《しょくたくけいさつけん》の認証式《にんしょうしき》をするという通《つう》達《たつ》が県警からきました。

その三日前の一月十二日に近くの常陸太田《ひたちおおた》警察署《しょ》から行方《ゆくえ》不明者のそうさく依頼《いらい》があったので、グリムやグレンといっしょにアンズも連れて行きました。

現場に着いて、アンズを車の中で待機《たいき》させましたが、新米警察犬はたくさんのパトカーの赤色灯《せきしょくとう》とたくさんの人にこうふん気味です。

でも、あきらかに以前のアンズとはちがいました。グリムの足跡追及《そくせきついきゅう》作業をフロントガラスごしに、じっと見ているのです。

一月十五日、ディーンとアンズが嘱託警察犬認証式に出席しました。刑事部長《けいじぶちょう》から認証のメダルを授与《じゅよ》されたアンズは、直径《ちょっけい》五センチもあるメダルが重くて、首にかけてもらった瞬間《しゅんかん》ビックリしていました。

スタートラインに立った、警察犬アンズ。

さて、どんな活躍《かつやく》をしてくれるのでしょうか。

おかあさんがつくってくれたユニフォームを着て嘱託警察犬《しょくたくけいさつけん》の認証式《にんしょうしき》に参列《さんれつ》

アンズの活躍《かつやく》できる場所

アンズのような小型犬が、どうして警察犬《けいさつけん》に選ばれたのでしょうか。

それは体が小さいので鼻の位置が低いため、シェパードのような大型犬が見のがすかもしれない、髪《かみ》の毛やコンタクトレンズ、薬の錠剤《じょうざい》などの小さなものも発見できる可能性《かのうせい》があるからです。

アンズもよく小さなものに興味《きょうみ》をしめします。

この間も草地の中におちていた、小さなボタンを得意そうにひろってきました。きちょう面できめこまかい性格《せいかく》なので、犯人《はんにん》の残していった小さな手がかりも見のがさないはずです。

体は小さくても物おじしない強さもあり、がんばり屋です。

大きなシェパードたちの中で平然《へいぜん》と試験を受ける度胸《どきょう》はたいしたものです。そして、トイプードルはわたしが思っていたよりずっと運動神経《しんけい》がいい犬種でした。

訓練すればできるという達成感《たっせいかん》をアンズなりにかんじていると思います。

ショッピングモールや駅、電車の中など、人がたくさんいる場所での活動には、大型犬より使いやすいと期待されている小型犬。

人ごみの中で事件《じけん》が起きた場合、シェパードが出動するとちょっとものものしくて、犯人に気づかれてしまうかもしれませんが、アンズのような小さな警察犬なら、ふつうに散歩をさせているように見えて、あまり警戒《けいかい》されません。

こういう目立たなさ、そして、小さいので大型犬が入れないせまい場所へ入っていけることも、小型犬ならではの利点です。

わたしはアンズに小型犬のよさを教えられました。

見習い警察犬《けいさつけん》・アンズ、ときどき出動

この間、おばあさんが強盗事件《ごうとうじけん》にあったとの通報《つうほう》がありました。

グリムの出動です。

アンズも連れて行きました。

グリムは残された足あとのにおいを原臭《げんしゅう》に犯人《はんにん》を追いました。

そのあとから犯人の遺留品《いりゅうひん》がないかとアンズもそうさくをしました。

クンクンフゴフゴ

地面に鼻をつけて、わき目もふらずに進むようすは真剣《しんけん》そのもの。

終わったあとはシェパードたちにむかえられて、翌日は昼寝《ひるね》。シェパードと同じことをやっています。

こうやってグリムやアミが出動するときは、たいていお供《とも》でついていき、小型犬の出番があれば、いつでも出られるようにスタンバイしているアンズ。ま

だ見習い警察犬《けいさつけん》ですから、現場《げんば》の空気をかんじるだけでも勉強になります。

ひとつ課題《かだい》も見つかりました。

それは持久力《じきゅうりょく》があまりないということです。

くらべるのがかわいそうですが、シェパードはひと晩《ばん》、歩いても平気な体力があります。でも、アンズはその数分の一しか歩けません。少しでも長く歩けるように、今、たくさん歩かせる毎日です。


もともと愛玩犬《あいがんけん》のトイプードルです。

今でもたのしそうな声が聞こえると、いっしょに遊びたくなるときもありますが、警察犬に任命《にんめい》されてからはちょっとちがいます。

「アンズ、仕事中でしょ！」

そう言われた瞬間《しゅんかん》に、顔つきがキリッとします。

今では、パトカーの赤色灯《せきしょくとう》を見てもこうふんせず、しずかにしています。

「出動だ」と言えば、シェパードといっしょに「連れて行って！」と大さわぎ。やる気も自覚も十分です。

わたしと出会って、わが家にやってきたアンズ。

そのとき、だれがこんなに小さな犬が警察犬《けいさつけん》になれると思ったでしょうか。わたしだって、そんなこととはつゆほども思いませんでした。

でも、アンズに動かされました。すべてはアンズのやる気がわたしを動かしたのです。

アミのやるのをまねしたくて、「やらせて！」

ディーンに先をこされるのがくやしくて、「やらせて！」

シェパードの訓練で河川敷《かせんじき》に連れて行くと、「やらせて！」の毎日でした。

わたしの「警察犬は大型犬」という先入観《せんにゅうかん》はなかなかくずれませんでしたが、アンズのこの根性《こんじょう》には負けました。

「やってできないことはないなあ」

「やるが勝ちだね」

アンズのがんばるすがたを見ると、いつもそう思います。

まだ出番は少ないのですが、この根性の持ち主です。

きっと、いい仕事をしてくれるでしょう。

スタートラインに立った見習い警察犬・アンズ、敬礼《けいれい》!

🐾 アンズが警察犬《けいさつけん》になるまでの足跡《そくせき》 🐾

2014年	5月	服従第一科目（G-1） 福島県猪苗代町
2015年	6月	服従第二科目（G-2） 岩手県奥州市
	6月	足跡追及第一科目（PSH-1） 岩手県奥州市
	8月	足跡追及第二科目（PSH-2） 青森県十和田市
	8月	足跡追及第三科目（PSH-3） 北海道恵庭市
	10月	警察犬試験 茨城県水戸市

この試験を受けて、
ぜんぶ合格したよ

🐾 警察犬の仕事 主に5つの仕事があります 🐾

足跡追及活動	現場に残された犯人《はんにん》の遺留《いりゅう》品のにおいから、犯人を追跡する活動
臭気選別《しゅうきせんべつ》活動	犯人の遺留品と容疑者《ようぎしゃ》のにおいがいっちするかどうかを特定する活動
捜索《そうさく》活動	麻薬《まやく》や爆発《ばくはつ》物を発見したり、行方不明者や登山などのそうなん者を探す活動
逮捕《たいほ》活動	犯人の逮捕時に、犯人が逃走しないように見はったり、凶器《きょうき》をうばい取ったりする活動
警戒《けいかい》活動	要人を守ったり、重要な施設《しせつ》の見回りをして警戒したりする活動

＊アンズが警察犬の審査会でエントリーしたのは「足跡追及」です。
これはにおいをもとに犯人の逃走経路を追跡し、遺留品を発見するという試験です。

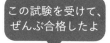

エピローグ

アンズは今でも、手をあげられるとにげようとします。心の傷《きず》はまだまだ、いえそうにありません。人はもちろん、犬も一度、受けたぎゃくたいの痛手《いたで》は相当《そうとう》に深く、そうかんたんにわすれることができないことがよくわかります。

でも、アンズは生まれ変わったように元気になりました。

毎日の訓練もおいていかれたらたいへんとばかりに、「行くぞ」という声にまっ先にサークルから飛び出してきます。

夜間の出動要請《ようせい》でわたしが制服《せいふく》に着がえるとさかんにほえて、「連れてって」とアピールします。「アンズも行くか?」とサークルから出すと、「当然でしょ、警察犬《けいさつけん》なんですから」という顔をして、玄関《げんかん》においてある移動用クレートにさっさと入ります。

現場ではアンズの出番がないこともありますが、現場に同行できたことに満足して、帰りの車の中ではすやすやと寝息《ねいき》を立てています。

この間、出動の帰り道、運転しながらアンズがねむるクレートを見ていたら、はじめてアンズに会ったときのことが思い出されました。あのときもこうやってアンズのクレートを助手席において、家に連れて帰ったのです。

アンズはこのクレートの中で、さびしそうにふるえていました。

そして、わたしはこのいたいけな子犬をどうしてあげたらいいのか、とため息をついていました。

でも、わが家には心強いシェパード軍団《ぐんだん》(グリム、アミ、グレン)がいました。かれらがこのアンズをあたたかくむかえ、アンズにその鼻と耳の能力《のうりょく》を目覚《めざ》めさせてくれたのです。

ここからはアンズは自分で運命をきりひらきました。

シェパード軍団の中でいちばんわかいディーンとはりあい、「ディーンだけには負けたくない」というきもちがアンズを強くしました。

アミにほめられたくて、にがてな訓練もがんばりました。

わたしに何度も何度も「やらせて」とせがみました。

アンズは別人（犬？）のように強くなりました。これからの活躍《かつやく》をたのしみにしていてください。


アンズの啓発活動《けいはつかつどう》への参加をこころよく許可《きょか》してくれた茨城県《いばらきけん》動物指導《しどう》センターの職員《しょくいん》の方たち、アンズをだいたり、さわってくれた茨城県動物愛護《あいご》推進員《すいしんいん》の方たち、そして警察犬種《けいさつけんしゅ》でない犬に嘱託《しょくたく》警察犬の試験を受けられるようにしてくれた茨城県警察本部及《およ》び本部鑑識課《かんしきか》の方たちにはたいへん感謝《かんしゃ》しております。

たくさんの人にかわいがってもらえて、アンズはしあわせです。

みなさまからいただいたやさしさに心から感謝します。

二〇一六年七月　　鈴木博房

鈴木博房（すずきひろふさ）警察犬指導士《けいさつけんしどうし》／茨城《いばらき》県動物愛護推進員《けんどうぶつあいごすいしんいん》

今までに10頭のシェパードを警察犬に育てた警察犬指導士30年のベテラン。
アンズの指導士であり、飼《か》い主です。

警察犬《けいさつけん》になったアンズ
命を救われたトイプードルの物語

2016年 8月15日　第1刷発行
2019年 4月30日　第6刷発行

著者 ―――― 鈴木博房
発行者 ―――― 岩崎弘明
発行所 ―――― 株式会社岩崎書店
〒112-0005 東京都文京区水道1-9-2
電話　03-3812-9131［営業］
　　　03-3813-5526［編集］
振替　00170-5-96822

写真 ―――― 小林キユウ（表紙、口絵）
デザイン ―――― 鈴木佳代子
印刷所 ―――― 株式会社光陽メディア
製本所 ―――― 株式会社若林製本工場

Published by IWASAKI Publishing Co.,Ltd.
Printed in Japan
ISBN978-4-265-84008-3 NDC916

岩崎書店ホームページ　http://www.iwasakishoten.co.jp
ご意見をお寄せください　info@iwasakishoten.co.jp
乱丁本・落丁本はお取り替えします

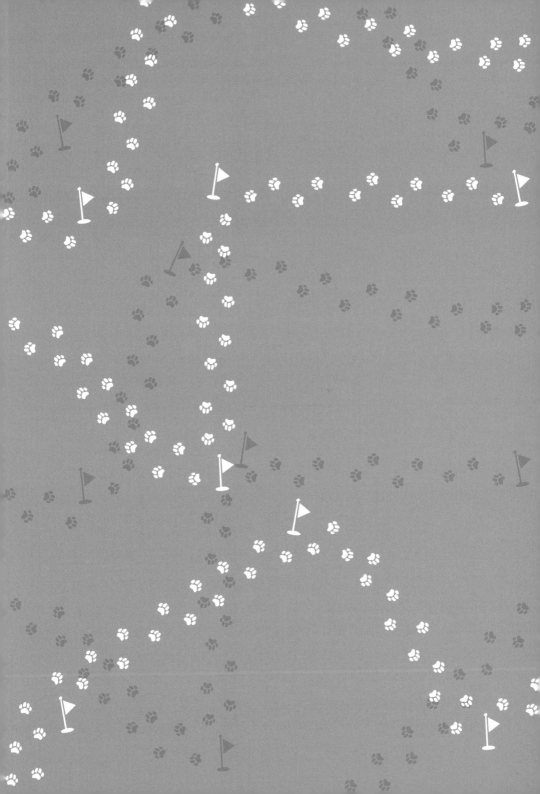